AMORES

que vienen de vidas pasadas

SARITA SAMMARTINO

AMORES
que vienen de vidas pasadas

KEPLER

Argentina – Chile – Colombia – España
Estados Unidos – México – Perú – Uruguay

1.ª edición Septiembre 2018

© 2018 by Ediciones Urano, S.A.U.
Plaza de los Reyes Magos 8, piso 1.º C y D – 28007 Madrid
www.edicioneskepler.com

ISBN: 978-84-16344-33-8
E-ISBN: 978-84-17312-58-9
Depósito legal: B-20.755-2018

Fotocomposición: Ediciones Urano, S.A.U.

Impreso por: Rodesa, S.A. – Polígono Industrial San Miguel – Parcelas E7-E8
31132 Villatuerta (Navarra)

Impreso en España – *Printed in Spain*

*Dedico este libro sobre el amor a los verdaderos
inspiradores de mi vida, mis hijos Agustina, Alvarito
y Bárbara, en agradecimiento por haberme elegido
como madre, en esta nueva oportunidad de mi alma...*

*«Las cosas poseen distintas cualidades y el alma tiene varias
inclinaciones; porque nada es simple de lo que se ofrece al
alma, y esta jamás se presenta simple sobre objeto alguno.
Así ocurre que sobre una misma cosa se llore o se ría».*

BLAS PASCAL

Índice

Prólogo

Cuando nacemos, llegamos a la Tierra conectados a nuestra alma a través de nuestras madres. Si nos gusta o disgusta nuestra madre no importa, ya que ella siempre será el conducto para la conexión de nuestra alma. Reconocer esto es saber que es la humanidad misma la partera del cosmos. Un chamán siempre honra al Dios Madre-Padre y al despliegue de la humanidad como generadores del cosmos. Cuando llegamos a este mundo, encarnamos la mente subconsciente, que contiene todas nuestras vidas en la Tierra, así como los temas no resueltos de las encarnaciones pasadas. Venimos con un plan antes de encarnar que inscribimos dentro de nuestros cuerpos energéticos, y dentro de nuestros chakras. En el despliegue del tiempo, abrimos nuestros chakras para sanar y comprender todas nuestras vidas y hacer las paces, como también, para satisfacer el deseo de volver a ver a alguien a quien hemos perdido en el pasado, o de triunfar y encontrar nuestra independencia respecto al sufrimiento y la dominación.

Como un poste totémico, nuestros ancestros llegaron a la conclusión de que hay muchos mundos que interpenetran este: el mundo de abajo del subconsciente o inconsciente colectivo, el mundo consciente del medio y la perspectiva más alta del águila, de las estrellas, el panorama general de nuestro Yo Superior. Llegamos con un plan que debemos seguir en nuestras vidas hasta que hayamos agotado nuestro encuadre kármico. Nuestras existencias necesitan un encuadre, una perspectiva, que se despliega a través del tiempo para satisfacer deseos, cumplir promesas que hemos hecho en vidas anteriores y organizar nuestra existencia como un mandala. Podemos vivir al máximo con pasión o resistirnos a nuestras experiencias y escapar de nuestros traumas. La meta es la autoaceptación; realizarnos como personas completas habiendo aprendido las lecciones, refinando y desarrollando el carácter lo suficiente como para aceptar mayores responsabilidades, integrando nuestros muchos yoes dentro de un patrón más grande.

El propósito de la vida es disfrutarla. Aprendemos que seguir nuestra propia felicidad es muy diferente que tratar de hacer felices a los demás. Nuestro servicio a la vida es hacer de ella algo mejor de lo que era cuando llegamos a este mundo. Cuando encarnamos, pudimos elegir nacer de quienes nos mataron antes, para permitir a nuestros actuales padres que nos den oportunidades en la vida y, de ese modo, compensen sus errores pasados y nosotros sanemos nuestras heridas de desamor. Pero si ellos nos traicionan al no desarrollarse ellos mismos por no seguir su plan de vida, nos sentimos traicionados, abandonados, y creamos fuertes deseos de dejar este mundo. Para encontrar nuestro lugar en este mundo a pesar de los planes kármicos, a menudo difíciles e intensos, necesitamos la perspectiva del águila para saber que estamos eligiendo todo desde una perspectiva más elevada.

Venimos a la vida sabiendo que somos responsables de nuestras elecciones, desde nuestro nacimiento hasta la muerte, por numerosas razones kármicas. Cuando agotamos nuestro karma y nos damos cuenta de que ya no podemos hacer que las relaciones imposibles funcionen, nos apartamos para ver desde una perspectiva más amplia. El corazón, al romperse, se abre. Cuando no necesitamos ya la aprobación de nuestros padres o cónyuges y finalmente nos aprobamos nosotros mismos, nos movemos hacia la integridad, la gratitud y el respeto a la vida. No hay dos planes kármicos iguales, pero se entretejen en la trama de la vida y de la consciencia de cada ser viviente. El desenlace de nuestras vidas pasadas y la resolución de todo el karma dan lugar a la liberación, la plenitud, la realización y la simplicidad. Cuando estamos libres de lazos kármicos, estamos despertando a nosotros mismos y a nuestra contribución a la vida. Pero, como por lo común no somos objetivos con nosotros mismos, a menudo necesitamos una guía como Sarita, para ayudar a facilitar esta apertura a una perspectiva más abierta y desplegada del Ser.

Siempre hemos vivido. Somos seres infinitos. Podemos vivir en el mundo espiritual, que es el mundo real. Podemos encarnar en este mundo, con sus polos negativo y positivo, para entender la negatividad y crear un equilibrio dentro de nosotros mismos.

Un propósito de la vida es que adquiramos experiencia para tomar decisiones informadas, para liberar juicios. Tenemos el desafío en este mundo, como guerreros, de poder ver a través de nuestras propias ilusiones para sentir el pulso de la divinidad en nosotros mismos y en los demás, alcanzando un desarrollo personal más profundo o más elevado.

La vida es un desafío constante, tal como lo atestiguan las veintidós lecciones al ser humano, que se indican en las cartas de los Arcanos Mayores del Tarot y de los caminos y esferas del Árbol de la Vida. Estas lecciones son los caminos de cada alma, descubiertas por el mundo antiguo, y constantemente vivido, entendido y desarrollado en cada encarnación.

Muchas almas nunca encarnan en la Tierra y prefieren el mundo espiritual, el aprendizaje solo allí y en otros mundos. Aquellos que vienen a la Tierra son guerreros que a lo largo de muchas encarnaciones, comienzan a conocer su creación única y a sí mismos.

Llegar a ser agradecidos, buscar a la divinidad en la vida cotidiana, y ver desde la perspectiva del águila: ese es el propósito de la vida. Dejar la vida mejor de lo que la encontramos: esa es la meta. La vida es para aquellos que tienen un propósito y establecen objetivos para girar con la rueda de la existencia.

Nuestra contribución a la rueda de la vida es lo que vuelve a nosotros. La vida es una rueda de la fortuna energética. Creamos nuestra propia fortuna. Lo que ponemos en la rueda de la vida es lo que vuelve amplificado. Esta es la rueda de Buda o la gran rueda medicinal de los chamanes. Somos responsables de lo que ponemos en la vida, cómo respondemos, cómo establecemos nuestras intenciones, cómo sentimos y actuamos. Todo lo que vuelve a nosotros mientras creamos nuestra vida. Somos cien por ciento responsables.

Antes de encarnar, elegimos aquello con lo que podemos lidiar en una sola vida y modificamos nuestro plan de vida para lograr que sea factible. Prácticamente, elaboramos planes de vida en detalle como un contrato antes del nacimiento, cuando aún teníamos claridad y conciencia. Sarita ha aprendido esto y lleva a las personas a través de la rueda de la vida, mostrándoles que la verdadera terapia es kármica, y que podemos liberarnos de las relaciones pasadas que nos ataban y darnos cuenta de cómo estamos sanando nuestras percepciones.

Sarita las guía a través de sus proyectos de vida individuales y del futuro que se está creando en cada acción, decisión y sentimiento. Ella te muestra a ti, a cada lector, cómo el tiempo es una ilusión construida para que maduremos nuestra percepción, ya que estamos en un cuerpo.

En este libro aprenderás que eres un espíritu en la carcasa de un cuerpo. El cuerpo regresa a la Tierra después de la transición de la muerte y el espíritu viaja de nuevo hacia el mundo del alma, a su verdadero hogar, y celebra sus logros durante su breve tiempo en la Tierra. Cuanto más nos conocemos a nosotros mismos, mejor vamos a entender los orígenes de la vida, las primeras madres, y a encontrar nuestro lugar en el cosmos como educadores, maestros, sanadores y seres cósmicos. A través de la celebración de nuestras vidas, nos encontramos con la gracia y la paz interiores, a partir de la perspectiva del águila, que es emocionante, totalizadora, perpetua y más amplia.

Todos regresamos al mundo espiritual, nuestro verdadero hogar, más allá de la muerte, y Sarita nos recuerda que debemos conectarnos con nuestro guía interior mientras estamos en la Tierra, para finalmente aceptarnos a nosotros mismos y tener compasión por nuestras vidas.

Foster Perry

Guardia de amor

Pongo mi voluntad, en su armadura
de dolor, de trabajo y de pureza,
a cada puerta de la fortaleza
porque sueles entrar en mi amargura.

Mensajes de deleite y de ternura
escucho en torno, en la delicadeza
del verde campo en flor... —¡Ya mi tristeza
va a sucumbir, de nuevo, a tu locura!...—

Para no oírte, muevo mis esposas,
y golpeo el escudo con la espada,
de mi pasión, a un tiempo, esclavo y dueño.

Pero el dormir me ata con tus rosas,
y tú te entras, cruel y desvelada,
por la puerta vendida de mi sueño.

JUAN RAMÓN JIMÉNEZ

Introducción

«No somos seres humanos teniendo una experiencia espiritual.
Somos seres espirituales teniendo una experiencia humana».

Pierre Teilhard de Chardin

Este libro comenzó a escribirse sin que yo lo supiera, solo tuve que recordarlo.

Pero no fue fácil, no lo es. No me gusta exponerme ni exponer a los demás. Pido perdón si alguno reconoce en estas páginas su propia historia o se ve reflejado en ellas y no es de su agrado. No es mi intención herir a nadie. Lo pensé mucho, lo dudé mucho… pero el libro se impuso, quiso nacer.

A todos nos gusta ayudar al prójimo, esta es una gran oportunidad. Gracias, en nombre de los lectores, a todos mis pacientes, alumnos, amigos y familiares por ser, a través de vuestro testimonio, espejo de su dolor y también guía en el proceso de sanación. Gracias por la confianza. Gracias por permitirme cumplir mi misión. Y sobre todo, gracias por brindarnos el honor de escuchar vuestras historias: las historias del alma en su largo camino de evolución. Algunas están en este libro, con nombres y datos personales cambiados para proteger vuestra identidad, otras lo inspiraron y le dieron sustento.

Podríamos decir que esta historia dio comienzo cuando mi vida cambió abruptamente al morir mi hijo en un accidente a la edad de diez años. Dicen que ese es el peor dolor que puede atravesar una persona, dicen que no es natural que una madre o un padre vea morir a sus hijos, peor aún si son pequeños. Supongo que debe de ser verdad, aunque es difícil cuantificar el dolor, saber cuánto sufre una persona. Me atrevería a decir que no deberíamos andar comparando el sufrimiento. ¿Acaso podemos asegurar que es peor perder un hijo que verlo sufrir, o que un niñito quede huérfano, o que un adolescente quede postrado de por vida, o que una joven atraviese una cruenta enfermedad?

Todos son dolores muy profundos y cada cual los vive a su modo. Hacemos lo que podemos para entender, para sanar, para estar mejor el tiempo que nos toque vivir. A veces las explicaciones que recibimos no alcanzan para comprender lo que nos sucede, las terapias resultan insuficientes y las creencias religiosas no nos consuelan del todo. Por eso, cualquiera sea la situación dolorosa o crítica que estéis atravesando en este momento, lo que deseo brindaros, desde la profundidad de mi alma, es un poco más de esperanza y mucha sanación. Mostraros que somos parte de algo superior, que nuestra verdadera naturaleza es espiritual y estamos aquí en la tierra para vivir nuestra experiencia y aprender. Que todo dolor tiene un sentido dentro de un contexto más amplio. Que así como morimos, volveremos a nacer.

Quiero haceros llegar un mensaje sobre una realidad que nos trasciende, contándoos mi propia historia y también las de otros, relatos que llegaron a mí de la mano de sus protagonistas: personas vivas y otras físicamente muertas; algunas conscientes de ese estado, otras no; unas ya en la Luz, y otras detenidas en el plano físico. Pero todas, almas valientes que tienen historias inspiradoras para contar, enseñándonos sobre la vida, la muerte, y el más allá.

A través de estos testimonios pretendo demostraros, queridos lectores, no solo que la muerte como extinción total no existe, sino que así como estamos vivos en esta vida, lo hemos estado en otras y probablemente lo estaremos en otras más, hasta que salgamos de la rueda de la reencarnación. Esta ley es parte del orden superior que hay detrás del caos aparente. Tal vez querer «demostrar» suene un poco pretencioso, así que me conformaré con mostrar, dejar ver, despertar una inquietud, y que cada cual tome lo que quiera o lo que pueda.

Muchos de los testimonios los recibí dentro del marco de una técnica psicoterapéutica llamada Regresión a Vidas Pasadas con Orientación Chamánica. Si bien la regresión no se hace para investigar y obtener información, sino con una finalidad terapéutica —aliviar el dolor, el síntoma, de la persona que consulta—, la historia surge igual, ya que contarla, revivirla, es el mejor remedio para liberar el dolor. Dentro del contexto de esta terapia puede expresarse el alma, la verdad más profunda de cada uno; así como puede expresarse también algún espíritu que está junto a nosotros, y sea la causa de nuestro malestar.

Estos relatos están entretejidos con mi propia historia de sanación.

Escuchemos lo que estas almas valientes tienen que decir; en muchas historias sonará el eco de la nuestra propia. Esta es mi manera de dar testimonio de que nuestra verdadera naturaleza es espiritual, que estamos sujetos a la ley de la reencarnación hasta que podamos liberarnos de ella y que no estamos solos en el universo.

* * *

Ahora continuamos reunidos junto a los chamanes alrededor del fuego, compartiendo historias. Historias de las almas en su largo proceso de vivir, aprender y evolucionar. Historias que nos ayudan a superar lo que nos esté haciendo sufrir ahora y nos animan a cambiar la nuestra, para vivir la vida que nos merecemos, la que vinimos a vivir. Para reescribir nuestra historia si es necesario, o contarla de una manera diferente.

En el libro II de esta trilogía, trataré diversos temas que nos preocupan a la mayoría de las personas, como es el tema del amor y sus trampas. Veremos cómo a problemas de pareja muy complicados, podemos encontrar una solución y una simple pero profunda explicación desde la Mirada del Águila, y sanar con las regresiones.

Escucharemos historias de dolores tan delicados como el infligido por los padres, muchas veces a pesar de ellos, y de qué manera la verdad, por más dolorosa que sea, libera.

Los relatos trascenderán nuestra imaginación, al descubrir que no solo podemos ser seres humanos en nuestro largo trayecto por el cosmos.

Oiremos el padecer de algunos animales y las consecuencias en sus vidas como humanos. No solo compartimos nuestro hogar con ellos, tal vez no solo sean los vestigios más antiguos de nuestra evolución, tal vez sean más que «hermanos».

Escucharemos el relato de seres de otras galaxias y cómo nuestra genética puede estar entremezclada con la de ellos. Y, trascendiendo o contradiciendo a quienes esperan que seres de otros planetas «nos salven», descubriremos las intenciones ocultas de muchos de ellos, desenmascarando sus verdaderas intenciones.

Historias fantásticas, si las hay, serán las que nos demuestren que podemos «viajar» al futuro con la misma facilidad con que «viajamos» al pasado, en las regresiones. Al futuro en esta misma vida, o en otra.

Finalmente, pero no menos importante, serán los testimonios que comprueben la veracidad de algunos relatos de vidas anteriores, por lo que invito a los lectores a que compartan sus propias experiencias.

Y todo este recorrido de escuchar las historias, compartirlas y sanar a través de ellas estará resguardado por la incansable y amorosa presencia de los guardianes de la sabiduría, los espíritus de la realidad no ordinaria, que solo desean ayudarnos.

Os invito a que, por un rato, penséis con el corazón, leáis el libro con la mente abierta a nuevas ideas y con el alma libre de prejuicios.

Me siento feliz de compartir esta segunda obra con vosotros.

SARITA

1

Amores que atrapan

«Tras nacer en estado físico, nuestra principal fuente
de aprendizaje es la relación con los demás».

BRIAN WEISS

Promesas de amor

¿Qué sentimos si escuchamos a una mujer del siglo XII decirle a su amado: «Nos vamos a encontrar en otra vida, te voy a amar siempre», antes de morir en manos de sus verdugos? Sin duda, parece una promesa de amor eterno. Pero ¿es una promesa de felicidad eterna? A primera vista sí, parece el amor ideal, el que todos buscamos, pero veamos qué sucede cuando ambos se encuentran nuevamente en pleno siglo XXI:

Margarita me viene a ver porque, si bien ama a Rodolfo y está segura de que es «el amor de su vida», siente mucha inseguridad, no sabe qué hacer, si seguir o no con él, a pesar de que no hay nada que justifique sus dudas.

Hasta que hace una regresión y descubre la promesa de amor que los une. Entonces le pregunto:

—*Esto de «nos vamos a encontrar en otra vida, te voy a amar siempre», ¿de qué manera está afectando a tu vida como Margarita?*

—Siento que me condiciona.

—*¿De qué manera te condiciona?*

—Me condiciona, porque es como si estuviese impuesto que lo tengo que amar... Pero yo lo amo. Siento como que es algo impuesto y eso no me gusta. Es lo que me hace sentir insegura, y no sé qué hacer.

Es decir, que en esta vida no están unidos gracias a la promesa, sino a pesar de ella.

¿Encuentros o reencuentros?

Cuando dos personas sienten que se «conocen de toda la vida», cuando se produce una «conexión muy profunda» entre ellos, hay una sensación de confianza e intimidad extrañas para un primer encuentro, ya sea concertado o casual. ¿Es realmente la primera vez que se ven?, ¿son tan desconocidos como creen? Incluso en situaciones menos románticas de sometimiento, abuso, obsesión, acoso... «¿Qué pasa que no me lo puedo sacar de encima?», «¿por qué no me deja en paz de una vez por todas?», se pregunta la víctima. Tal vez el victimario tenga sus razones, aunque ninguno de los dos las conozca... Y no hace falta hablar de extremos, podemos reconocer esto entre amigos, compañeros de trabajo, incluso familiares, con los que sentimos una mayor afinidad que con otros, que va «más allá» de la cercanía, grado de parentesco, compatibilidades de carácter o afinidad de gustos. «Apenas lo conocí me llevé muy bien, me sentí muy cómodo, nos pusimos a charlar como viejos amigos», decimos. ¿No será que en realidad somos «viejos amigos»? O puede suceder lo contrario: «No sé, no la conozco, pero hay algo en esta persona que no me gusta», justificamos. «No soporto su manera de hablar, de mirarme», decimos sin encontrar mayor explicación. ¿Estaremos recordando amargos momentos del pasado?

¿Qué jugarreta nos hace la vida? Ninguna. Forma parte de las reglas del juego. A esta vida vinimos a aprender, a crecer, a evolucionar. Mientras vamos viviendo nos encontramos, nos involucramos de diferentes maneras, a veces concluimos bien las relaciones, otras dejamos temas pendientes (amor, odio, celos, envidias, promesas, culpas) que, al terminar esa vida, no terminan con ella. Y en la rueda de las reencarnaciones, en la rueda del karma, como expliqué en el libro I de esta trilogía (*Sanar con vidas pasadas*), las cuentas siempre cierran. Para ello, la vida orquesta el reencuentro, haciéndonos creer que el encuentro es casual. Para que concluyamos lo que dejamos pendiente y aprendamos con ello a superar los obstáculos, a refinar el carácter, a madurar en consciencia.

En definitiva, si lo vemos desde la Mirada del Águila, podemos afirmar que todo este «drama» no es más que parte del plan divino, dentro del cual encarnamos en grupos de almas con el fin de ayudarnos mutuamente en nuestro camino de evolución. Por ello es esperable y deseable que nos reencontremos en varias vidas, representando diferentes roles; que programemos tanto nuestros encuentros como nuestros desencuentros, la llegada y la partida de cada uno en la vida del otro.

No obstante, como toda experiencia que acontece en esta tercera dimensión del planeta Tierra, esto tiene sus bemoles, y los humanos tendemos a complicar las situaciones, infligiéndonos mayor sufrimiento que el necesario en esta empresa de aprender, dejando en el tintero demasiados temas que no terminan solo por el hecho de morir, sino que nos acompañan hasta que decidimos ponerles fin, y los llevamos como semillas prontas a germinar cuando la ocasión o un «encuentro casual» los reactiven.

Así es como nos encontramos con: noviazgos que se perpetúan en promesas de amor eterno y que se transforman luego en relaciones asfixiantes; enemigos que atraviesan las barreras del tiempo persiguiéndose vida tras vida, olvidando ya por qué se odian tanto, pero sin poder evitarlo; sobreprotecciones maternas que ahogan cualquier intento de independencia doscientos años después; juramentos y pactos que reclaman su cumplimiento esclavizando por siglos a quienes los pronunciaron; promesas de reencuentro fáciles de hacer en momentos de enamoramiento y/o desesperación, pero difíciles de sostener cuando ya no necesitamos a aquella persona...

La lista es tan larga como nuestra imaginación. ¿Qué hacer para liberarnos? Obviamente, ¡una regresión! Recordar, revivir... vivir y soltar. De eso se trata. Romper el pacto, cortar el juramento, despedirnos del amante, disculparnos con el agraviado, recibir la disculpa de quien nos dañó, agradecer, perdonar, comprender. Dejar ir. Estar libres para lo nuevo, ya sea una nueva situación con una nueva persona o una nueva relación entre las mismas.

El síndrome de Abelardo y Eloísa

Describo como «Síndrome de Abelardo y Eloísa» al conjunto de síntomas relacionados con la dificultad emocional en la relación de pareja, padecidos por un hombre o una mujer, cuya raíz es una o más experiencias en vidas anteriores relacionadas con el amor de pareja.

Dichas experiencias pueden consistir en:

√ Promesas de amor eterno expresadas en forma tácita o explícita, por parte de uno o ambos integrantes de la pareja, en un amor correspondido o no.

√ Experiencias de amor o de relación de pareja traumáticas.

√ Relaciones inconclusas entre ambos (siendo pareja o no en esa vida), por cualquier motivo, normalmente el fallecimiento de uno de ellos, en las que quedan sentimientos de deuda o culpa, etc.

√ Maldiciones o hechizos que involucren a uno o ambos.

Los síntomas que presenta la persona en su vida actual se encuadran dentro de una dificultad general para establecer una relación de pareja sana y satisfactoria, y puede padecer dificultades en:

✓ Establecer compromisos afectivos: «nunca me engancho».
✓ Terminar una relación de pareja disfuncional: «no puedo cortar».
✓ Rehacer su vida amorosa una vez roto un compromiso: «no lo puedo olvidar».
✓ Mantener una relación de pareja sana y satisfactoria, por problemas inexplicables: «lo amo, pero cuando se me acerca, siento rechazo» o «soy enfermizamente celoso».

Tú pudiste resignarte a la cruel desgracia, incluso llegaste a considerarla un castigo al que te habías hecho acreedor por transgredir las normas. ¡Yo, no! ¡No he pecado! Solo amo con ardor desesperado; cada día aumenta mi rebeldía contra el mundo y crece más mi angustia. ¡Nunca dejaré de amarte! ¡Jamás perdonaré a mi tío, ni a la iglesia, ni a Dios, por la cruel mutilación que nos ha robado la felicidad!

Pero ¿qué puedo esperar yo si te pierdo a ti? ¿Qué ganas voy a tener yo de seguir en esta peregrinación en que no tengo más remedio que tú mismo y en ti mismo nada más que saber que vives, prescindiendo de los demás placeres en ti —de cuya presencia no me es dado gozar— y que de alguna forma pudiera devolverme a mí misma?

Carta de Eloísa a Abelardo

Eloísa, cuya relación con Abelardo da nombre al síndrome, era la «amada inmortal» del célebre filósofo del Medioevo. Era también la sobrina de Fulberto: «un hombre de iglesia y de letras que frecuentaba los mismos ambientes donde brillaba Abelardo». Cuando este último la vio, quedó impactado e inmediatamente comenzó un plan de conquista. Le dijo a su colega que la mejor alumna de París merecía el mejor profesor y entonces logró hacerse su preceptor. Todas las tardes, Abelardo llegaba a la villa de Fulberto para impartir clase a su pupila, pero esas clases se fueron convirtiendo en algo más que retórica, gramática y teología. El amor y la pasión se hicieron carne, dejando a un lado la admiración intelectual. Ella quedó embarazada y estallaba un escándalo sin precedentes. «En un instante todos se descubrieron en el infierno. Fulberto había sido estafado y humillado públicamente por Abelardo. Eloísa había sido deshonrada y había perdido su imagen de respetable mujer de letras», dice en *Historias de Filósofos* Silveira. Abelardo tenía cuarenta años y ella dieciocho: estaban enamorados. Él intentó reparar las cosas, pero inútilmente; propuso casarse con su amada, pero para un filósofo como él resultaba imposible, ya que los filósofos de entonces eran como clérigos. Eloísa fue enviada fuera de París, a casa de la hermana de Abelardo, donde nació casi en secreto el hijo de ambos. A pesar de que otras mujeres habrían arruinado la carrera de sus amados con tal de tenerlos amarrados a su lado para siempre, ella era distinta, no quería manchar la gloria del gran filósofo y convertirse en un obstáculo. Entonces, le propuso ser su amante: «Más todavía —afirmaba ella—, que si el emperador Augusto me hubiera propuesto ser su esposa, yo habría preferido ser la amante de Abelardo antes que la emperatriz de Roma».

¿Cómo sigue la historia? Se dice que, a instancias de Abelardo, finalmente se casaron en secreto y en una iglesia vacía. Eloísa sospechaba lo peor: que el matimonio no haría sino enfurecer a su humillado tío. Consumaron el matrimonio sin que nadie en París conociera la unión. Pero Fulberto comenzó a hablar y los rumores llegaron a oídos de los parientes de Eloísa, que vivía recluida en un convento y atravesaba sus muros solo para encontrarse con su amado. La tragedia se aproximaba. Un matrimonio en secreto, una figura insigne de la Iglesia acusado de abusador, una familia con sed de venganza. Los parientes de Eloísa descubrieron dónde se escondía Abelardo y decidieron consumar la venganza. Le propinaron el peor de los castigos, la más cruel de las mutilaciones: la castración.

Cuenta la leyenda que, cuando abrieron la tumba de Abelardo para depositar junto a él el cuerpo de su amada Eloísa, este abrió los brazos para recibirla, quedando así abrazados en la muerte como no pudieron estarlo en la vida.

El epitafio del cenotafio de Abelardo y Eloísa en el Paracleto rezaba así:

Aquí,
bajo la misma losa, descansan
el fundador de este Monasterio:
Pedro Abelardo
y la primera Abadesa, Eloísa,
unidos otro tiempo por el estudio, el talento,
el amor, un himeneo desgraciado
y la penitencia.
En la actualidad, esperamos que una felicidad
eterna los tenga juntos.

Pedro Abelardo murió el 21 de abril de 1142,
Eloísa, el 17 de mayo de 1163.

Es ese mismo amor, que como un arquetipo se repite en la historia, el que da nombre al síndrome.

Otro ejemplo de una trágica promesa de amor eterno es el que podemos encontrar en la historia de Francesca de Rimini y Paolo Malatesta, inmortalizada por Dante en la *Divina Comedia*.

Francesca fue una mujer noble de la Italia medieval, obligada a casarse por razones políticas con el cojo Giovanni Malatesta. La joven nunca logró amar a su marido, pero se enamoró en cambio del hermano menor de este, Paolo. Durante casi diez años, Paolo y Francesca lograron mantener su amor en secreto, hasta que fueron descubiertos por el engañado Giovanni, que los asesinó a ambos.

Dante ubica a los amantes en el segundo círculo del Infierno, donde estos, si bien sufren los castigos destinados a los lujuriosos, también obtienen consuelo al pasar la eternidad el uno junto al otro.

La literatura muchas veces se ha valido de estas trágicas historias de amor eterno que se repiten a lo largo de la historia. De hecho, en el momento en que fueron descubiertos, Paolo y Francesca se encontraban leyendo un libro sobre los amores de Lancelot y Ginebra, los legendarios personajes de la corte del Rey Arturo. En esta historia, el mejor caballero de Arturo, que es también un amigo muy cercano del rey, se enamora perdidamente de la reina y juntos viven un romance del cual no pueden apartarse a pesar de que son conscientes de que no puede terminar sino en desgracia. En efecto, el adulterio de Ginebra es uno de los principales desencadenantes de la muerte de numerosos caballeros y de la caída de todo el reino artúrico.

Y cómo olvidar el romance trágico más conocido por todos, que es el de Romeo y Julieta, contado con maestría por William Shakespeare. A diferencia del caso de Francesca de Rimini, obligada a casarse con el heredero de una familia rival para consolidar la paz entre ambas, la enemistad entre los Montesco y los Capuleto es el principal obstáculo para el amor entre los jóvenes. Las distintas peripecias a las que se enfrentan para mantener su relación provocan varias muertes y, en última instancia, el suicidio de ambos. Solo el dolor compartido tras la muerte de los amantes logra reconciliar a las familias enemigas.

En cuanto a Troilo, legendario héroe troyano, y su amada Criseida, su historia tiene un final diferente. Troilo y Criseida se conocen durante los largos años de la Guerra de Troya, y todo parece marchar viento en popa para los amantes hasta que los altos mandatarios troyanos deciden entregar a Criseida a los griegos a cambio de un guerrero que estos tienen prisionero. Ella promete regresar a los diez días para reencontrarse con su querido Troilo, pero, una vez en el campamento griego, se da cuenta de que esto es inviable y procura adaptarse a su nueva vida. Troilo la espera y continúa escribiéndole apasionadas cartas hasta que, finalmente, debe aceptar que ya no volverá a ver a su amada. El héroe vive desgraciadamente el resto de sus días hasta que muere, en el transcurso de la guerra, a manos de Aquiles. Sin embargo, Chaucer nos cuenta que:

> Cuando fue asesinado de este modo, su alma ligera ascendió alegremente a la concavidad de la octava esfera, dejando al otro lado todos los elementos. Y allí vio con gran atención las estrellas errantes, oyendo la armonía de los sonidos llenos de melodía celestial. Y desde allí, empezó a mirar atentamente la pequeña mancha de tierra abrazada por el mar y comenzó a despreciar completamente este mundo infeliz, y lo consideró todo vanidad con respecto a la plena felicidad que hay arriba, en los cielos.

De esta manera, al ascender su alma, pudo desprenderse de todo lo vivido en esa vida que dejaba, cortando así también la atadura a su amada, como debe ser. Como inducimos al paciente que haga en su experiencia de regresión. Como necesitamos hacer todos en el momento de morir, para no arrastrar «pendientes» a otras vidas.

Una promesa de amor eterno

Cuando el amor dura más que lo que vino a durar, cuando una relación se extiende por siglos, cuando somos fieles al espectro de ese amor... ¿podemos ser felices unidos a quien ya olvidamos?

Muchos maridos, un amante...

Julia, una mujer de mediana edad, se ha separado dos veces y está a punto de casarse una tercera. Sin embargo, tiene un problema: ha cambiado varias veces de marido, pero no puede cambiar de amante. Ese es fijo. Una relación tumultuosa, con idas y venidas, en la que no concretan nunca nada y en la que ella ni siquiera puede imaginarse casada con él.

No entra en ninguna lógica. Sus amigas ya no saben qué aconsejarle. Su terapeuta no puede hacerle ver que, si sigue con este amante, su energía estará dividida. No va a haber marido que le venga bien. ¡Tiene que tomar una decisión! Pero no puede, algo más fuerte se lo impide.

Hasta que decide probar con una Terapia de Vidas Pasadas con Orientación Chamánica.

Comenzamos la regresión como siempre, la paciente recostada, con los ojos cerrados. Una relajación guiada para centrarse solo en lo que su alma necesita trabajar para su sanación. Cuando entra en regresión, comienza a revivir una vida anterior:

—Estoy en una ciudad vieja... un castillo... Estoy con un señor poderoso y rico, bastante mayor...

—*¿Cómo eres?*

—Soy mujer, joven, pelo largo, color castaño, y tengo un vestido muy elegante. Estoy en una fiesta. Hablo con otro más joven... estamos enamorados. Nos vemos a escondidas...

—*¿Qué sientes?*

—Estoy feliz, pero tengo miedo. Si nos llegan a encontrar...

—*¿Qué sucedería?*

—Voy a una especie de granero... lo busco. Este señor que parece que es mi marido o prometido, no sé... me sigue. Nos ve y saca su espada... pelean, pero él es más grande, es mejor con la espada...

—*¿Quién?*

—Mi prometido, o marido… y lo va a matar, ¡pero yo le grito que no! Y… me paro adelante para que no lo mate… y me clava la espada a mí.

—*¿Dónde te la clava?*

—En el pecho. ¡Huy… cómo duele! Me sale sangre… no me quería matar a mí, pero yo me puse… me abraza y llora (el amante)… me pide que no lo deje, que no me vaya… y le digo que «lo voy a esperar siempre»… y me muero.

Pero al morir su cuerpo no muere su promesa. Queda activa hasta que la corta de forma consciente al hacer la regresión. Por eso, en esta vida, Julia no podía separarse de su amante. No es necesario que el alma del amante sea la misma, a veces basta con que cumpla un rol o tenga un rasgo que dispare esta memoria de la promesa. Por eso, le pregunto:

—*Y esto de «te voy a esperar siempre», ¿qué te hace hacer en tu vida como Julia?*

—Seguir esperando… no poder cortar con Roberto. —Se refiere a su amante de ahora.

—*¿Y qué te impide hacer?*

—Estar interesada en otra persona, formar una pareja.

—*Entonces vas a cortar con la promesa que le hiciste a tu amante en esa vida y te vas a despedir de él, ¿estás dispuesta?*

—Sí.

Entonces, después de decirle a su amante que lo ama y de despedirse de él y antes de llevar su energía a la Luz, al morir su cuerpo, para desprenderse definitivamente de toda esa vida y dejar el pasado atrás, Julia repite tres veces, en voz alta y con determinación, la frase que le indico:

—Yo, Julia, rompo y anulo la promesa que te hice en esa vida, me libero y te libero.

Luego de la armonización, abre sus ojos y dice:

—¡Qué difícil era cortarla! En el fondo, no quería.

Este comentario es habitual. A veces es todo un arte de persuasión el que tiene que ejercer el terapeuta para convencer al paciente de la conveniencia de romper la promesa, juramento o atadura que sea. Es muy fácil querer desprenderse de una experiencia dolorosa... ¡pero qué difícil es terminar con el apego a lo placentero!

Estas «novelas románticas de amor eterno» en vidas posteriores se convierten en una pesadilla para ambos actores. Nos mantienen repitiendo el patrón de un amor imposible o el apego a alguien que no es adecuado para nosotros en esta nueva experiencia. Como estamos en una nueva vida, con un nuevo cuerpo, una nueva misión y época, es probable que también tengamos otros roles y que no sea parte de nuestro nuevo proyecto estar juntos. El «apego al pasado» actúa como un imán que orquesta el reencuentro en esta nueva vida; pero, si lo que nos mantiene unidos no es el amor sino la promesa, va a ser complicado, porque el amor une pero la promesa ata, hace sufrir, confunde.

Los apegos nos mantienen girando en la rueda de las reencarnaciones, en una eterna repetición, y lo que debería ser diferente termina siendo igual, hasta que un día aprendemos y podemos avanzar, como en la película *El Día de la Marmota (Groundhog Day)*. Ese día todo cambia, porque cambiamos nosotros.

Muchos preguntan «¿No será que nos reencontramos para estar juntos y por fin ser felices como no pudimos en aquella vida o continuar lo que perdimos?». Entonces temen romper la promesa.

Puede ser, aunque no es lo habitual. De todas maneras, no importa: el amor permanece siempre aunque rompamos la promesa, ya que al hacerlo solo cortamos las ataduras, no alejamos el amor. Lo mismo nos preguntamos cuando muere nuestra pareja de esta vida. Liberémosla y así también seremos libres nosotros para iniciar una nueva relación, en esta vida o en la próxima. Y si nos volvemos a encontrar en otra vida, será desde un espacio de mayor libertad, sin las ataduras del pasado. A muchos les cuesta estar ahora con la misma pareja veinte años, ¿por qué querrían estar siglos? No tiene sentido. Y, si así tuviera que ser, al romper la promesa no impedimos la unión. Si el rencuentro amoroso es viable en esta vida, aunque venga de otra anterior, si lo limpiamos de los lastres del pasado lo viviremos plenamente y renovado, eligiéndonos de nuevo.

¿Cómo nos damos cuenta si estamos destinados a estar juntos en esta vida?, ¿cómo hacemos para saber si la persona que nos atrae no es una «atracción fatal» del pasado?, os preguntaréis con razón en este momento. Si esta relación nos hace sufrir, si sentimos que no tenemos afinidad real, que «no tenemos nada que ver», si nos escuchamos repitiendo que «si no fuera por esta atracción rara que siento no estaría con él o ella», que «es una relación muy conflictiva» y cosas por el estilo, me atrevería a afirmar que no lo estamos o que es una relación que necesita ser sanada. Una atadura que viene del pasado, no una unión del presente.

Si «todo fluye, es viable, está disponible, me hace bien, soy feliz…», seguramente es algo que tengo que vivir, una experiencia que mi alma decidió atravesar en esta vida, una relación que me ayudará a crecer. Aunque luego cambie de pareja. No hablamos necesariamente de amores para toda una vida, y menos de amores eternos, hablamos de amores genuinos.

Pero no hay recetas. Es como todo: debemos dejarnos guiar por la intuición, por lo que nos da alegría, plenitud y posibilidades de expansión: lo que nos hace sentir bien. Hay que pensar con el corazón, pero también usar la cabeza.

Un amor idílico

En la segunda vida que Julia revivió en esa misma regresión, ella era una mujer joven, hija de una familia rica, en el año 1900. Era pintora. Estaba casada, pero se había enamorado de otro joven con quien mantenía solo una relación epistolar. Juntos prometen encontrarse en otra vida. Entonces, al morir, parte de su energía queda atrapada por esa promesa y su alma, al reencarnar, lleva la memoria de la promesa al nuevo cuerpo de su vida actual. Esto le impide encontrar otra pareja, ya que espera a su amor del 1900, así que nuevamente tiene que romper una promesa de amor. Sí, es así: no es solo un amor… ¡a veces son muchos los que traemos a cuestas!

También «Abelardo» se compromete por la eternidad…

Tomás es un joven que necesita cambiar algunas actitudes con respecto a sus proyectos para poder avanzar en su vida; y, en lo sentimental, está en una relación de pareja, pero siente que tal vez se esté «perdiendo algo si se queda» y no sabe si esa sensación es porque teme el compromiso.

Comienza la regresión en una vida en que está en un país donde invaden los nazis. Al morir en esa vida, su alma va a la Luz. Pero inmediatamente comienza a revivir otra vida, cronológicamente anterior a esa:

—Estoy en una carpa de guerra, hay explosiones…

—*¿Qué sientes?*

—Las camas… hay heridos, hay uno al que le falta una pierna…

—*¿A qué se debe que estés ahí? ¿Estás herido?*

—Soy como médico… Traen a alguien que está herido y le hago reanimación… otros soldados están de pie a mi lado… está muerto, no ha funcionado.

—*¿Qué sientes?*

—Impotencia, resignación… algo de angustia, pero estoy acostumbrado, no es algo nuevo.

—*¿De qué manera afecta esto tu vida como Tomás, qué te hace hacer?*

—Nunca termino nada, me resigno.

—*¿Y qué te impide hacer?*

—Terminar mis proyectos…

—*Entonces, ahora, para sanar eso, vas a darte cuenta primero de que hiciste todo lo posible y vas a sacarte esa sensación de impotencia.* —Le pongo delante almohadones para que descargue toda la angustia y la impotencia y salga de ahí—. *Cuando cuente tres, vas a ir a la siguiente experiencia significativa en esa vida. Uno, dos, tres...*

—Un bebé... y una mujer...

—*Eso es, sigue.*

—Estoy caminando con ellos, la abrazo por atrás... estamos en una casa de madera. Todo es de madera...

—*Cuando cuente tres, vas a ir a la siguiente experiencia significativa en esa vida. Uno, dos, tres...*

—Estoy en una cabaña, en la cama. Mi mujer me agarra de las manos.

—*¿Qué edad tienes?*

—Ya soy viejo... estoy arrugado... tengo el pelo blanco... me estoy muriendo de viejo... veo cómo me echan tierra...

—*¿Cuando te echan tierra, tu cuerpo está vivo o está muerto?*

—Está muerto... pero yo lo veo todo... llueve.

—*¿Desde dónde lo ves, desde dentro o fuera de tu cuerpo?*

—Desde adentro...

—*¿Qué sientes cuando tu energía está todavía dentro de ese cuerpo muerto?*

—Que no la quiero dejar sola...

—*¿No la quieres dejar sola a ella? ¿Por eso no te vas?*

—Sí. Se va a morir sola...

—*¿Y qué haces entonces?*

—Me quedo por ahí, no quiero que ella sufra.

—*¿Te quedas por ahí como un fantasma dando vueltas?*

—La veo llorar... estoy por ahí, no sé si como un fantasma.

—*¿Qué sientes cuando ella está llorando?*

—Quisiera consolarla... decirle que todo está bien. Le digo que pronto vamos a estar juntos...

—*Y esto de: «pronto vamos a estar juntos», «no quiero que ella sufra», «me quedo por ahí», ¿de qué manera afecta a tu vida como Tomás, qué te hace hacer?*

—Culpa, porque prometí encontrarla y no pude.

—*¿Prometiste encontrarla?*

—Sí, encontrarme con ella... pero no la encontré. —Se refiere a su vida actual.

—*Y eso, ¿qué te hace hacer en tu vida como Tomás?*

—No comprometerme con ninguna chica... y, por más que quede todo bien, me siento culpable cuando la dejo.

—*¿Y qué te impide hacer?*

—Entregarme completamente en una relación. Estoy cerrado.

—*Entonces, para terminar con todo eso, vas a romper esa promesa que le hiciste en esa vida, vas a darte cuenta de que simplemente te moriste de viejo, no abandonaste a nadie, y que esa promesa os ata a los dos, a ti y a ella, y que no sirve de nada ya que en otra vida podéis estar en roles diferentes, o no encontraros. Solo trae sufrimiento. ¿Estás listo para romper esa promesa?* —*Silencio*—. *¿Estás listo para romper la promesa?*

—No.

—*¿Quieres seguir esperándola por los siglos de los siglos? ¿Quieres seguir sin poder entregarte a otra mujer en tu vida como Tomás?*

—No.

—*Entonces, tienes que dejar esa vida y despedirte de ella, romper esa promesa.*

La abraza y le dice:

—Te amo... no quiero, pero tengo que dejarte. Fue precioso todo, todo lo que compartimos, toda una vida juntos, pero tengo que despedirme.

—*Ahora vas a romper la promesa. Vas a decir: «Yo, Tomás, rompo la promesa que te hice en esa vida, me libero y te libero».* —Él repite tres veces—. *Ahora vas darte cuenta de que tu cuerpo se murió, vas a ascender a la Luz donde van todas las almas cuando muere el cuerpo. ¿Puedes hacerlo?*

—Sí, me encuentro con mi abuela, a quien apenas conocí... —Se refiere a su vida como Tomás.

—*¿Te transmite algo?*

—Mucha comprensión, que no hay juicios.

Es difícil desprenderse de un gran amor, por eso hay que recordar no pedirles, a quienes parten, que se queden con nosotros para consolarnos. Cada uno tiene que partir libre a su nuevo destino. Y ellos tienen que saber que, aunque lloremos, en un tiempo vamos a estar bien, que pueden seguir su camino. Y como repetiré durante todo este capítulo, no hagamos promesas de reencuentros después de la muerte en esta vida. Si el destino es que nos volvamos a encontrar, eso mismo va a pasar. No necesitamos la promesa, que, aunque ya no la queramos cumplir, nos ata igual, hasta que la rompamos conscientemente.

Un amor destinado a ser vivido en otra vida

Cortar los lazos del pasado nos permite avanzar más livianos por la vida, pero no rompe lo que está destinado a permanecer unido, sino que lo fortalece.

Cuando el reencuentro tiene final feliz.

En el curso de formación en Terapia de Vidas Pasadas con Orientación Chamánica que dicto, una de las alumnas, que llamaremos Florencia, está felizmente casada con «el muchachito de la vida anterior». Esto lo descubre durante el curso, en una regresión de demostración de la técnica que hago frente a los alumnos durante la clase.

—*¿Qué necesitas trabajar hoy?*

—Que, no sé por qué, estoy siempre necesitando agradar, buscando la aprobación del otro, sobre todo de los hombres. Siempre tengo la sensación de que mi marido no me presta la suficiente atención.

—*Y ¿qué te hace hacer esto?*

—Buscar la mirada del otro.

—*Cierra los ojos, ponte cómoda.* —La induzco a un estado profundo con una relajación—. *Cuando cuente tres, vas a ir a la experiencia responsable de estas sensaciones o similares... Uno, dos, tres. ¿Qué estás experimentando?*

—Siento algo en el pecho, me cuesta respirar.

—*¿Dónde estás?*

—Me están pintando, como si fuera una modelo. Yo estoy en un atelier viejo y un pintor me está pintando. Por las vestimentas parece que estoy en la Edad Media. Estoy semidesnuda, tapada con unas telas, contenta. Me están pintando.

—*Cuando cuente tres, vas a ir al comienzo de esa experiencia. Uno, dos, tres. Estás ahí. ¿Qué estás experimentando?*

—Estoy en la calle, soy muy linda, voy bien vestida, la gente me mira cuando voy caminando, saben quién soy. Me siento admirada. Estoy enamorada de un pintor, yo lo busco y él no me quiere pintar. Yo quiero que me pinte y él no me elige. Siento un vacío en el pecho, de vanidad. Otros pintores me quieren de modelo para sus cuadros, pero él no me elige.

—*¿A qué crees que se debe el que no te elija?*

—Mi marido actual es el pintor. Lo hace para no engancharse, me ignora, tiene familia..., no sé. Quizá no podría continuar con su trabajo libremente, lo perdería o le quitaría libertad.

—*De esta experiencia, ¿cuál es el momento más terrible?*

—La sensación de vacío, de angustia.

—*Cuando tienes la sensación de vacío y angustia, ¿cuáles son tus reacciones físicas?*

—Hacerme chiquitita...

—*Cuando te haces chiquitita, ¿cuáles son tus reacciones emocionales?*

—Busco algo que no encuentro.

—*Cuando buscas algo que no encuentras, ¿cuáles son tus reacciones mentales?*

—No entiendo nada.

—*Quiero que veas de qué manera todo esto está afectando a tu vida como Florencia, esto de «no entiendo nada, busco algo que no encuentro, hacerme chiquitita...». ¿Qué te hace hacer en tu vida como Florencia?*

—Buscar aceptación.

—*Y ¿qué te impide hacer?*

—Vivo por los demás y no por mí.

—*Cuando cuente tres, vas a volver a ese momento donde sientes ese vacío, esa angustia, donde no entiendes... y vas a sentirlo todo más profundamente y a hacer lo que necesites hacer para liberar todo eso. Uno, dos, tres... ¿Qué estás experimentando?*

—Mucha angustia, una opresión en el pecho... Yo estaba enamorada, por eso él no quería pintarme. Hay tristeza en ambas miradas...

—*¿Qué más sientes?*

—Una soledad muy grande, pérdida de la esperanza... lo siento en el pecho... Me angustio, pero sigo trabajando. Vivo sola, es mi manera de sostenerme, no tengo familia. Continúo haciendo esfuerzos y trato de estar en lugares donde él esté.

—*Cuando cuente tres, vas a ir al siguiente momento significativo en esa vida. Uno, dos, tres...*

—Me encuentro con él. Me dice que me quiere, pero no puede... que tiene que seguir con su profesión, y se va.

—*¿Te dice algo más antes de irse?*

—Que no me quiere suficientemente. Lloro. Siento internamente que no es verdad lo que me dice. Él me dice que no me quiere, que no le gusto, pero yo siento que no puede despegarse de mí, me agarra de las manos...

—*¿Qué sientes?*

—Calor... que no quiero que me suelte más. Siento que es un cuento que inventó para irse.

—*¿Como si te estuviera trasmitiendo qué?*

—Cariño

—*¿Qué sientes?*

—Angustia, dolor... Lloro.

—*Quita todo el dolor del pecho, haz lo que necesites hacer para liberar toda esa emoción. Y vas a decirle todo lo que no pudiste decirle...* —Descarga su tristeza llorando y golpeando almohadones.

—¿Por qué te vas, si estás inventando? No te quieres ir, me quieres, yo te quiero, seríamos felices juntos. Podríamos escaparnos e ir a otro lugar juntos.

—*¿Te dice algo?*

—No... se tiene que ir.

—*Dile todo lo que tú sientes.*

—¡Cobarde, tengo dolor! —Golpea el almohadón.

—*¿Dónde está el dolor? ¡Sácatelo!*

—En el pecho, no puedo respirar bien.

—*Saca todo el dolor del pecho...* —La ayudo a liberar con extracción chamánica—. *Para terminar de liberar todo esto y dejarlo definitivamente atrás, cuando cuente tres, vas a ir al momento de tu muerte en esa vida. Uno, dos, tres... ¿Qué estás experimentando?*

—Me veo tirada en una cama, muy triste, sin ganas de nada, esperando la muerte.

—*¿Lo volviste a ver en esa vida?*

—Sí, lo volví a ver, ignorándome, contento, como si no existiera. Se me profundiza la tristeza...

—*¿Y de qué manera afecta esto tu vida como Florencia, esto de «ignorándome, contento, como si no existiera»? ¿Qué te hace hacer?*

—Busco la aprobación del otro. Siento obsesión por ese hombre. Siento tristeza, en todo el cuerpo, me voy apagando.

—*¿Qué le va haciendo al cuerpo?*

—Me saca las ganas de vivir, de seguir haciendo de modelo. Me quedo en la cama, no me levanto, adelgazo, me voy dejando morir...

—*Cuando cuente tres, vas a ir momentos antes de que muera tu cuerpo. Uno, dos, tres…*

—Vuelvo de trabajar. Me pesan los hombros, me acuesto en un cuartito chiquitito. Me entrego.

—*¿Cuál es tu último pensamiento antes de morir?*

—Nada me motiva.

—*Esto de «nada me motiva», ¿qué te hace hacer en tu vida como Florencia?*

—Busco siempre cosas nuevas que me movilicen.

—*¿Qué te impide hacer?*

—Mostrarme vulnerable, estar tranquila… Hago muchas cosas. —Vuelve al momento de la muerte en esa vida—. Mi alma se desprende, me voy para arriba. Siento enojo por haberme entregado, me arrepiento, no lo voy a volver a hacer (en otra vida), no tiene ningún sentido, no gané nada, ¡tendría que haberlo olvidado!

—*Ahora, al salir del cuerpo, vas a ser consciente de que ese cuerpo ya se murió, no te pertenece. Saca toda tu energía de ese cuerpo y de esa vida, despréndete de todo eso… Y vas a cortar el lazo que tenías con ese hombre y a recuperar toda la energía que habías dejado en esa vida. ¿Sientes un lazo que te une a él?*

—¡Es mi marido! —El de su vida actual como Florencia—. Ahora entiendo por qué él actúa conmigo como si tuviera que compensar algo. Siento desazón…

Con técnicas de extracción chamánica, sacamos la energía del lazo, de la atadura con él, de su cuerpo, para que se liberen ambos de esa relación.

—*Pídele que te devuelva la energía que te pudo haber quitado…*

—Siento que una energía rosada viene a mí.

—*Lleva toda tu energía a la Luz dejando todo definitivamente atrás.*

—Quedó un poco de tristeza en el cuerpo…

—*Sácala.* —Limpio con la pluma de águila.

—Ya está. Ahora puedo subir... Ya llegué, siento mucha paz, ahora soy como una bola de luz y hay más que me reciben.

—*Elige un color para traer una nueva vibración a tu vida como Florencia, ¿qué color eliges?*

—Rosa.

—*La vibración del color rosa va envolviendo todo tu cuerpo, por dentro y por fuera. Siente cómo la vibración del color rosa va borrando las imágenes de las experiencias pasadas, apagando las emociones y las sensaciones, desprendiéndote definitivamente de todo eso y trayendo nueva vibración a tu vida. Crea una imagen de cómo quieres verte desde ahora, lo que tú quieres, mereces y necesitas para tu vida. Siéntelo en el presente, como si ya lo hubieras obtenido, y el universo lo manifestará en tu vida cotidiana. Cuando cuente tres, abrirás los ojos y así volverás a tu consciencia física habitual en este día (fecha actual) en tu cuerpo como Florencia sintiéndote tranquila, relajada y envuelta en un profundo bienestar. Uno, dos, tres.*

La modelo y el pintor del Medioevo, Florencia y su marido, se reencontraron en esta vida. Pero, a diferencia de Julia y su amante, ellos son felices juntos. Esto nos hace pensar que estaba en su plan de vida vivir ahora aquel amor que fue imposible en su vida anterior. Se cortó la atadura, el lazo que mantenían en aquella vida, pero la prueba de que el amor no se corta —de que, si dos personas tienen que volver a estar juntas, van a estarlo igual, solo que sin el lastre del pasado— es que Florencia y su marido siguieron compartiendo su vida aun después de la regresión, pero con una relación más sana.

Normalmente encarnamos siempre entre conocidos, porque las relaciones que establecemos entre nosotros actúan como un imán para volver a elegirnos. No es siempre porque nos queremos y nos extrañamos, es también porque quedan asuntos pendientes que queremos concluir

Cuando no puedo olvidarle/a

Algunas veces, estamos muy seguros de que debemos terminar con una relación amorosa, incluso lo hacemos, nuestra cabeza nos dice que «la relación no funciona»; otras, nuestra pareja nos deja con un «ya no estoy enamorado de ti». Sea como sea, cuando ya estamos decididos a continuar con nuestra vida, a abrirnos a un nuevo amor. vemos que no es tan fácil.

¡No puedo sacármelo de la cabeza!

Jacinta es una mujer joven, linda e inteligente. Me consulta para trabajar la relación con su exnovio, ya que, por más que pasa el tiempo y conoce a otros chicos, no puede sacárselo de la cabeza. Sabe que no es la persona adecuada para ella, que la relación «ya no va» y tiene la sensación de no sentirse valorada cuando está con él. Pero a pesar de todo eso…

—¿Por qué no puedo olvidarlo? —me pregunta Jacinta.

—*Acuéstate cómoda. Cierra los ojos, afloja y relaja todo el cuerpo mientras invocamos la presencia de la Luz para que te envuelva.* —Va entrando en estados más profundos de consciencia a medida que la guío en una relajación progresiva profunda para trabajar a nivel del alma, del inconsciente—. *No te sientes valorada…*

—No me termina de valorar del todo. No está enamorado de mí…

—*¿Y qué sientes, cuando sientes que no está enamorado de ti?*

—Desde la razón lo entiendo. Cuando lo hablaba sentí otra vez eso de aquí. —Señala la garganta—. No puedo entender que no me quiera y, cada vez que lo pienso, me pongo así, me viene como una angustia…

—*Siente eso.*

—No puedo entender que no me quiera. Me viene como una angustia en la garganta, se me cierra aquí…

—*Cuando cuente tres, vas a estar en esa experiencia en la que se te cierra la garganta. Uno, dos, tres...*

—Me estoy yendo a dormir, estoy sola, cerré la puerta. Lo mezclo con vivir sola ahora, que siempre tengo que ver si cerré la puerta. Me acuesto a dormir. No es mi cuarto de ahora, es como una casa más vieja en un barrio, como de 1880, más oscura. Vivo sola con una chimenea de madera, el cuarto es como de madera...

—*¿Sabes por qué vives sola?*

—Lo primero que me viene es que soy viuda.

—*Cuando cuente tres, vas a ir unos momentos antes de quedar viuda. Uno, dos, tres.*

—Me acuerdo de antes, que me acostaba a dormir en ese cuarto y no tenía miedo porque estaba él.

—*Ve a ese momento, cuando estabas todavía con él. Uno, dos, tres. ¿Con quién estás?*

—Con mi marido. Pero no lo conozco, tiene canas, tiene como sesenta... no sé. Todo está tranquilo, no tenemos hijos, nada. Soy más vieja, tengo sesenta y algo...

—*Sigue avanzando un poco más. Cuando cuente tres, vas a ir al próximo momento significativo en esa vida. Uno, dos, tres...*

—Algo en un campo... disfrutando fuera con mi marido. Un campo típico de EE. UU. Estamos comiendo un picnic, lo estamos pasando muy bien. Lo miro a los ojos y siento lo bien que estamos, cuánto lo amo... Como que lo recuerdo con nostalgia.

—*Sigue avanzando. ¿Qué le sucedió?*

—¡Le dio un infarto y se murió!

—*Cuando cuente tres, vas a estar ahí. Uno, dos, tres...*

Llora.

—Me llaman para que vaya al hospital porque tuvo un infarto.

—*¿Quién te llama?*

—Me llaman del trabajo de él.

—*Ve a ese momento.*

—Me llama un compañero del trabajo que me conoce, dice que vaya al hospital rápido. Me agarran como unos nervios... Agarro el coche rápido.

—*¿Qué sientes?*

—Que empiezo a transpirar, que se me cae el mundo encima. No entiendo nada, me pongo muy nerviosa, me cuesta respirar... Estoy toda tensa. Voy al hospital.

—*¿Cómo vas?*

—Voy en un Volvo. Todos los semáforos se ponen en rojo cuando estoy ansiosa por llegar, siento desesperación. —Llora—. ¡Quiero pasar en rojo y putear a todo el mundo que no le importa nada...! —Llora—. Me agarra una desesperación... que no sé qué voy a hacer si se murió... —Llora, suspira—. Voy corriendo y llorando al hospital y me encuentro con el amigo este... le veo la cara... llora... Como que estoy desahuciada... ¡No sé qué voy a hacer! No hay vuelta atrás, se murió... Yo me quedo sola... Como si no tuviera otra cosa que él.

—*De toda esta experiencia, ¿cuál es el momento más terrible?*

—Tengo que volver a la casa sola... Y acostarme a dormir, y él no está.

—*¿Cuáles son tus reacciones físicas en ese momento?*

—Rendida, como cansada... desesperada, desahuciada... Lo extraño.

—*¿Cuáles son tus reacciones emocionales?*

—No puedo parar de llorar, se me caen las lágrimas de tristeza.

—*¿Cuáles son tus reacciones mentales?*

—Como si estuviera perdida, como si no existiera otra cosa que él y yo no sé qué voy a hacer...

—*Y todo esto de «como si no existiera otra cosa que él, no puedo parar de llorar, estoy rendida, desesperada...», ¿qué te hace hacer en tu vida como Jacinta?*

—Son algunas de las cosas que siento cuando se termina una relación, como con mi exnovio.

—*Y esto, ¿qué te impide hacer en tu vida como Jacinta?*

—Me impide crear otras relaciones, encontrar otras personas, abrirme a otras cosas, me impide disfrutar.

—*Para sanar todo esto, cuando cuente tres, vas a volver al momento del hospital y vas a sentirlo todo profundamente. Deja salir todo eso, haz lo que necesites hacer cuando sientes que todo se termina, que tienes que volver a casa sola. Uno, dos, tres...*

—Empiezo a llorar y me agarro la cabeza como si tuviese que gritar, descargarme... —Llora... Pega—. ¡Los jefes del trabajo tienen la culpa... con lo que le exigían...! —Llora, pega.

—*Despídete de tu marido, de alma a alma, Dile lo que no pudiste decirle en ese momento...*

—Le digo que lo amo, que lo admiro, que no me voy a olvidar de él... que pasé los mejores años de mi vida con él...

—*¿Cómo está cuando llegas al hospital?*

—Está muerto. Lo abrazo y le digo que lo amo. Que nunca me voy a olvidar de él, que lo voy a extrañar, que me hizo tan feliz... Que fue lo mejor que yo conocí. Me voy. Llego a mi casa. Veo su lado de la cama, su mesita de noche... Me trae recuerdos, siento nostalgia. Me acuerdo de lo bueno, de lo que nos reíamos... —Suspira—. Voy a irme de viaje, voy a dejar esta casa. Estaba ahí por el trabajo de él, es otro país...

—*¿De dónde eres?*

—De algún lugar de Europa como Alemania. Estábamos en Estados Unidos por su trabajo. En cierta forma yo me animo porque vuelvo a mi país. La casa y todo lo demás no era mío... Hago las maletas y me llevo mis fotos. Regreso en avión... Parece que es antes, como que es todo viejo... La maleta es de cuero. Llamo a alguien, no sé si a una hermana, para que me vaya a buscar, y yo estoy triste pero al mismo tiempo contenta porque vuelvo a mi casa, una casa que me suena más familiar... como que la siento más mi casa... Me vuelvo a mi cuarto... Como si hubiese vivido ahí toda la vida. Hablo con mis amigas y mis hermanas y les cuento cómo fue todo. Me siento más aliviada… Me quedé en esa casa con esas personas.

—*Cuando cuente tres, vas a ir al momento de tu muerte en esa vida. Uno, dos, tres.*

—Ya más viejita, como si tuviese un tumor, un cáncer del que me voy a morir. Pero estoy tranquila, no me duele nada, mi hermana está al lado de la cama y me agarra la mano. Le digo a mi hermana que se vaya a descansar un rato y yo me quedo dormida y se relaja el cuerpo, y despacito va dejando de funcionar… El corazón cada vez late menos y me quedo dormida.

—*¿Cuál es tu último pensamiento?*

—«Voy a volver a encontrarme con mi marido». Por eso me quedo dormida tranquila…

—*Sigue.*

—Yo miro mi cuerpo desde el techo del cuarto… Mi hermana vuelve, me agarra la muñeca, me toca…

—*¿Qué sientes?*

—Tranquilidad. Mi hermana me abraza, pero tampoco se desespera. Digo: «Adiós, nos vemos en otra vida».

—*Saca toda tu energía de ese cuerpo. Sé consciente de que tu cuerpo se murió, de que ya no te pertenece. Lleva tu energía a la Luz.*

—Me voy con el sol…

—*Fíjate en esto que dijiste: «Voy a volver a encontrarme con mi marido», «nunca me voy a olvidar de él», ¿qué te hace hacer eso en tu vida como Jacinta?*

—Nunca poder terminar con un novio, parece que siempre lo voy a volver a encontrar y vuelve a aparecer.

—*Entonces, vas a romper esa promesa de encontrarlo siempre, porque todavía está activa en tu vida como Jacinta… lo sigues buscando.*

—Rompo y anulo esa promesa que le hice a mi marido de esa vida. Me libero y te libero… —Lo repite tres veces.

—*¿Cómo te sientes?*

—Como más ligera... Siento que se abrió algo... Luz... una liberación total. Es como todo bien brillante, me siento muy ligera y yo también brillante.

—*¿A qué crees que se debe que hayas pasado por esa experiencia?*

—No tenía mi vida, solo la del marido. No tengo que quedarme con eso...

—*¿Qué trajiste a tu vida como Jacinta de eso? ¿Qué relación tiene con esta vida?*

—Creo que tengo que vivir más mi vida y no estar tan pendiente de la pareja, del matrimonio, del novio... Tengo que realizarme más yo...

—*En este momento de tu vida como Jacinta, ¿estás alineada con tu proyecto de vida?*

—Tengo que tener más paciencia y relajarme un poco más. Es un camino largo el que tengo que hacer, de un trabajo interior. No tengo que poner tanta atención en conseguir marido, sino en otras cosas... En algo que tengo que lograr, que voy a hacer pero es largo, importante, pero «en relación a un ritual, como más allá de... ». Estas son pistas de que es algo importante para mi espíritu, para mi alma...

—*Elige un color para armonizarte y volver a tu consciencia habitual como Jacinta.*

Jacinta pudo cortar definitivamente la relación con su ex novio, olvidarse de él, y ahora está felizmente casada y esperando un bebé.

Miedo al compromiso

Puede suceder también que la experiencia amorosa de la vida o vidas anteriores sea tan traumática que en esta no lleguemos siquiera a establecer una relación, que escapemos del amor.

¡Huyo del compromiso!

Agustina es una joven profesional de la salud, guapa, soltera, independiente, que ya encontró su vocación y está profundizando sus estudios con una maestría en el extranjero. Solo una cosa falta en su vida: ¡animarse al matrimonio! No digo que sea fácil, hace falta coraje, pero parece que casi todos los humanos tenemos cierta tendencia a vivir en pareja y, si nos falta, sospechamos que algo interno lo está impidiendo. ¿Por qué no averiguarlo? Después podremos decidir libremente si queremos o no...

Agustina ya venía trabajando el tema en su terapia, y aparentemente no había razón alguna que justificara su «miedo al compromiso», al menos en esta vida. Por eso decidimos explorar más allá de lo conocido:

—Lo que más me importa ahora es encontrar una pareja. Tengo ganas de estar bien en pareja, pero me cuesta un montón, me cuesta un montón comprometerme. Y por otro lado siempre tengo ganas de irme... Soy muy independiente y eso me gusta. Me gusta irme, viajar.

—*¿Sientes que hay algo que te impide estar bien en pareja? ¿Qué sientes cuando estás en pareja?*

—Siento que, si me comprometo demasiado, voy a perderme algo. Como no me gusta que me invadan demasiado, siento ganas de escapar cuando algo se pone más serio. Si estoy con una persona que es muy independiente, no me pasa, pero si empiezan a depender de mí, sí.

—*¿Y qué sientes cuando empiezan a depender de ti?*

—¡Que me quiero lejos! Me «pongo loca. Me digo: «no, no, no... ». Solo me ocurre con la pareja, no con amistades, porque con amigos y amigas está todo bien, ¿entiendes? Por lo menos es lo que me pasó con la última relación que tuve. Tenía sensación de ahogo, mi cabeza iba a mil y lo mandé todo a la mierda... Es como si tuviera una imagen de pareja ideal y entonces pienso que, si me quedo con el que tengo, no la voy a encontrar. Pero no estoy buscando a esa persona que imagino, no estoy tan loca. Sin embargo, si cierro los ojos, me lo imagino y siento que tiene que ser extranjero... ¡Pero no estoy tan loca!

—*Cierra los ojos, recuéstate, relaja el cuerpo y entrégate confiadamente a esta experiencia que tu alma vino a hacer hoy aquí para tu sanación. Cuando cuente tres, vas a estar en la experiencia que tu alma necesita trabajar hoy aquí para tu sanación, la experiencia responsable de esto de «me quiero ir a la mierda cuando dependen de mí». Uno, dos, tres; estás ahí. ¿Qué estás experimentando?*

—Soy como una señora de campo, joven pero hecha mierda... Llevo uno de esos vestidos blancos con colores, como los franceses de la campiña. Estoy fuera de casa, el suelo parece de tierra... Miro como para adentro. Ahora entro en la cocina, está todo ordenado pero es muy precario. Hay un señor tapado con unas mantas.

—*Sigue.*

—Está ahí tirado...

—*¿Qué sientes?*

—Entre cariño y rechazo.

—*Cuando cuente tres, vas a ir un poco más atrás, al comienzo de esta experiencia. Uno, dos, tres; estás ahí. ¿Qué estás experimentando?*

—Estoy en una fiesta de paisanos bailando con este tipo. Parece *La familia Ingalls*, pero en Francia. Estoy bailando divertidísima con este mismo hombre, pero más jovial, estoy entusiasmadísima con él. Me río, me divierto, estoy enamorada de él, estamos juntos...

—*Cuando cuente tres, vas a ir al siguiente momento significativo en esa vida. Uno, dos, tres; estás ahí. ¿Qué estás experimentando?*

—Que el tipo se empieza a ahogar, a sentir mal. Estamos caminando y lo llevo, no sé dónde... Y ahora volví a casa (a la escena del principio de la regresión). Estoy ahí, mirando, y no me puedo ir.

—*¿Qué sientes?*

—Impotencia, rabia, ganas de llorar… como culpa. Estoy sentada sola en la cocina. Hay mucha quietud, aburrimiento. Tengo ganas de salir al mundo, pero estoy ahí.

—*¿Qué te impide salir al mundo?*

—Esa persona. No la puedo abandonar, está medio enferma. Es mi marido…

—*¿Qué le pasa?*

—Se muere… una peste…

—*¿Qué es lo peor de toda esta experiencia?*

—¡Que no se muere nunca! Estoy fuera, no hay nada, es un descampado… ¡Me quiero ir! Me da mucha rabia, mucha impotencia. ¡Me parece que lo maté, es un horror, me parece que lo maté! Estoy en esa cocina, sola, aburrida, siento impotencia, me quiero ir y… ¡me parece que lo mato!

—*¿Qué haces?*

—Está gimiendo de dolor, no lo puedo escuchar más, no lo puedo escuchar más. Lo odio. Me estoy volviendo loca, no aguanto más… No sé si lo mato o lo dejo morir… Es como que él ya no es él… está poseído. No sé qué le pasa, está muy enfermo, no puedo conectarme con esa persona… Pasó mucho tiempo, estoy como que ya no siento nada…

—*Sigue.*

—¡Qué horror! —Espantada de la situación—. Voy al cuarto, miro, ya no hace ruido, y yo soy joven… Me quiero ir, pero no me puedo ir si él no se muere. Estoy resignada, estoy esperando que se muera. Me parece que no lo mato, se muere… No hice mucho, pero no había mucho por hacer, como que una mañana me despierto y estaba muerto.

—*¿Y qué haces?*

—Lo entierro sola… ¿Dónde estoy? —se pregunta—. ¡Es como si estuviera en medio de la nada! Lo entierro sola, ¡qué horror! Estoy en este lugar y no hay ni vecinos, no hay nada... Ya ni siento... lo entierro... ¡Ay, qué horror!

¡Me clavo un cuchillo en el estómago! ¡Me mato! ¡Estoy loca! Me mato, pero no siento nada, es rarísimo. Soy como esas personas a las que ya se les fue todo... la vida...

—*Cuando cuente tres, vas a ir al momento donde sientes que se te «va la vida». Uno, dos, tres; estás ahí, ¿qué estás experimentando?*

—Cuando esta persona se empieza a enfermar, yo era una persona muy alegre, éramos gente muy alegre... Y él empieza a sentirse mal, le empieza a agarrar algo, me desespera. Y fueron muchos años de enfermedad, y él fue perdiendo la cabeza. Yo estaba sola y me quedé totalmente sola con una persona loca y enferma... Muy poca gente llegaba hasta allí.

—*De todo esto, ¿cuál es la experiencia más terrible?*

—Cuando él empieza a perder la cabeza y yo empiezo a perder las ganas de vivir, porque lo otro después yo ya ni siento...

—*¿Cuáles son tus reacciones físicas cuando él «empieza a perder la cabeza» y tú «las ganas de vivir»*

—Angustia.

—*Cuando sientes angustia, ¿cuáles son tus reacciones emocionales?*

—Como tristeza...

—*Cuando sientes tristeza, ¿cuáles son tus reacciones mentales?*

—Ver cómo salir de ahí, ¡pero no puedo!

—*¿De qué manera afecta todo esto tu vida como Agustina? Esto de «siento tristeza, angustia, ver cómo salir de ahí, pero no puedo», ¿qué te hace hacer en tu vida como Agustina?*

—No mantenerme en «los momentos de realidad» en una relación... ¿entiendes? Cuando se pasa todo lo bueno, ¡ya se termina!

—*¿Y qué te impide hacer esto en tu vida como Agustina?*

—Tener una pareja estable, ser feliz.

—*Cuando cuente tres, vas a liberar todas esas emociones y vas a hacer lo que necesites hacer. Uno, dos, tres...* —Le alcanzo un almohadón muy grande y lo golpea con rabia y desesperación, gritando su rabia y liberando la impotencia. Luego, para salir definitivamente de esa vida y dejar todo ese problema atrás para siempre, le digo—: *Cuando cuente tres, vas a ir al momento de tu muerte en esa vida y lo vas a vivir paso a paso. Uno, dos, tres...*

—Estoy caminando sin vida, como una autómata. Agarro el cuchillo y me lo clavo en el estómago. Es una liberación. Sale el alma y queda ahí, está desolada...

—*Ahora vas a quitar toda tu energía de ese cuerpo y de esa vida y vas a permitir que tu alma se eleve a la Luz. ¿Puedes hacerlo?*

—Sí. Voy subiendo...

Su alma, en esa vida, había quedado atrapada en esa situación, en ese lugar. Es lo que llamamos «atrapamiento *post mortem*». Parte de su alma, de su energía, estaba perdida allí. Al enviarla a la Luz, la recuperó y pudo liberarse de esa situación y, sobre todo, ¡del miedo a quedar atrapada en una relación!

En lugar de describirme su experiencia en la Luz y finalizar la regresión con una armonización, como es habitual...

La regresión continuó con una vida posterior, mostrando hasta qué punto una experiencia no sanada puede condicionarnos en el futuro:

—Ahora estoy en el mar, en una playa con una familia, mi marido y mis hijos, estoy en el agua. ¿Puede ser? ¿Estoy en otra vida? Es como contemporáneo... Es una playa en Francia, en Europa... Estoy de vacaciones. Estoy todo el día en el agua. Soy morena, delgada... Tengo una sombrilla, estoy muy relajada... Estoy con mi familia.

—*Cuando cuente tres, vas a ir al momento más significativo en esa vida, a la razón por la cual tu alma fue ahora a esa experiencia. Uno, dos, tres...*

—¡Un horror! ¡Mi marido se pone enfermo y lo abandono! No puede ser, me voy, me voy con mis hijos y lo dejo en el lugar donde vivimos, en una ciudad.

—*¿A qué se debe que te vayas?*

—Estaba desesperada, me quiero ir, no me quiero quedar ahí... No quiero saber lo que va a pasar. Me siento muy culpable. Tampoco está tan enfermo, tenía fiebre... ¡Es horrible, me siento muy culpable! Hago las maletas, agarro a los niños y me voy.

—*Sigue avanzando...*

—¡Qué horror! ¡Me parece que tengo un accidente con el coche y me mato! Estaba huyendo del miedo. Culpa, me sentía muy culpable... y choco con el coche y me muero... Tengo mucha angustia y mucha rabia, fue como un acto de desesperación. Me doy cuenta de que no está bien lo que hago, pero no puedo hacer otra cosa. Me da mucho miedo, no lo puedo soportar. Es un impulso... Agarro el coche y me voy y choco contra un autobús, voy muy distraída...

—*¿Qué más sucede?*

—Gente que viene a ayudar, llantos de los niños... Lo veo, me doy cuenta de lo que pasa, me da pena.

—*¿Qué te da pena?*

—Yo, «esa persona que está ahí», la veo desde arriba y me da lástima. «Sabía que estaba mal, pero no podía hacer otra cosa»... y me voy. Pero ahora es distinto (que en la vida anterior), comprendo la situación, me quedo un rato y después me voy por un tubo. Siento paz... Estoy en la nada. Es luminoso...

—*Estando ahí, fíjate si puedes darte cuenta de qué relación tienen estas vidas con lo que te sucede ahora como Agustina. ¿Qué te dice tu alma?*

—Que la primera experiencia fue un horror y marcó el miedo a que alguien dependa de mí y después miedo a hacerle daño a alguien si dependo de él. Tengo miedo a hacerle daño a otra persona o a hacerme daño yo... He venido a esta vida (actual) con un cierto miedo. Pero no tanto, porque en la segunda experiencia lo entendí más.

Después de la armonización final, regresa a su consciencia física habitual en este día, comprendiendo y recordando todo lo experimentado.

Es muy interesante esta regresión como ejemplo de cómo una experiencia que no había sido resuelta influyó directamente en una vida posterior, no necesariamente correlativa a la primera en el tiempo lineal. Recordad que, para que una experiencia traumática de vida pasada genere un síntoma en otra vida, necesita que se den ciertas condiciones que la reactiven. En ese caso, la enfermedad del marido. También es interesante notar que ella comenta que, en su vida actual, el miedo a «hacer o hacerse daño» no es tan grande, porque pudo comprenderlo en la segunda oportunidad. El objetivo de la repetición de las situaciones traumáticas es el aprendizaje, la sabiduría. El objetivo de la regresión con finalidad terapéutica es liberar las emociones, sanar las heridas que quedan al atravesar las experiencias para que ya no nos condicionen: recuperar el alma, ser libres para crear nuestra vida.

Agustina vive ahora en el extranjero, estudiando y trabajando, y cada vez más cerca de animarse al compromiso, sin que eso signifique perder su libertad. ¡El gran desafío de toda mujer en estos días!

Cuando creemos que el que no quiere el compromiso es el otro

Catalina es una mujer joven y exitosa, que siente que sus relaciones amorosas fallan porque no atrae al hombre adecuado, al que quiera un compromiso como ella. Veamos cuál es la realidad detrás de su discurso.

Soy un fantasma...

—Necesito cortar con cosas del pasado, con algo que no me permite entablar una relación madura con alguien que sea maduro como yo, que quiera una relación como la que yo quiero.

—*Cierra los ojos. Siente que el cuerpo se va aflojando y relajando...* —Continúo con una larga relajación de todo el cuerpo para llevarla a estados profundos de conciencia expandida—. *Cuando cuente tres, vas a estar en la experiencia responsable de «necesito estar en una relación estable, pero no atraigo a la persona adecuada». Uno, dos, tres.*

—Estoy viendo una escena donde hay un perro al lado de un árbol, negro... y adentro está oscuro. Veo un árbol, la casa que tiene las luces encendidas y se ven como dos figuras adentro, creo que son un hombre y una mujer y se percibe cierta violencia.

—*Cuando cuente tres, vas a estar en esa experiencia donde hay un hombre y una mujer y se percibe cierta violencia. Uno, dos, tres; ¿qué estás experimentando?*

—Fue raro, no sé si yo lo estoy viendo o lo estoy viviendo, pero me parece que se están golpeando y el hombre la va a matar... Se congela la imagen. Me parece como dibujos animados.

—*Cuando cuente tres, vas a ir al comienzo de toda esa experiencia. Uno, dos, tres. ¿Qué estás experimentando?*

—Otra vez no sé si soy yo o no. Ahora es una mujer que está en una casa blanca, moderna...

—*¿De qué época?*

—Como de los años sesenta. Está aislada, es muy moderna y rica. La mujer va caminando por la casa. No hay nadie más, está como medio encerrada...

—*¿Qué siente la mujer?*

—No sé, es rara la sensación. Me cuesta porque por un lado la estoy viendo desde fuera y en parte siento que soy la mujer, pero ¿puede ser que parte de la energía de la mujer esté fuera? Siento que yo soy la mujer que está tratando de encontrar la salida de la casa. No tiene mucha emoción, es raro, la estoy viendo como desde fuera... Es como una gran pecera, parece una de esas mujeres sin vida propia...

—*Cuando cuente tres, vas a ir a momentos antes de que entres por primera vez en esa casa. Uno, dos, tres.*

—Hay un hombre con una barba, una camisa de colores, no sé si es esposo, amante, novio, pareja. Estamos yendo en un coche blanco, uno de esos redonditos, a esa casa que es nueva. Para mí que está drogada, está fuera de su cuerpo, está totalmente drogada.

—*Cuando cuente tres, vas a ir al comienzo de esa experiencia, antes de estar drogada...*

—Está drogada, el tipo la drogó. Está en una fiesta, todo psicodélico, no puedo conectar bien, no está claro, están... No sé, no entiendo mucho. De repente lo veo como una escena desde fuera.

—*¿Qué sientes cuando ves a esa mujer desde fuera?*

—Me da lástima, está como muerta.

—*¿Y qué sientes tú en ese cuerpo?*

—Mucho vacío... nada... La muchacha está embarazada, estoy embarazada, estoy dentro de la casa, tengo el mismo vestido en todas las escenas, como de colores fuertes. Está en esa ventana... Se está tocando la panza, se acaricia el vientre, está como ida...

—*Cuando cuente tres, vas a ir a la siguiente experiencia significativa...*

—Estoy con mi bebé. Siento mucho amor por mi bebé. Es una sensación de conexión, de amor, de querer salir de ese lugar... Me voy a escapar. Está este hombre barbudo, con bigotes, grandote... Está ahí... y no puedo salir... Todo como cerrado. El tipo es un narcotraficante. Anillos de oro, mucho dinero... es muy poderoso.

—*¿A qué se debe que estés con él?*

—Creo que por drogas, fiestas... Soy muy joven, delgada, de unos veinte años, muy muy bonita... Siento que justo me estoy despertando con este bebé... Lo tengo agarrado, estoy mirando, como planeando mi escape, estoy mirando todos los movimientos que están pasando a mi alrededor: entran y salen hombres, gente que trabaja, gente armada. Parece que, ahora, está cobrando vida este lugar... Tiene un gran portón y yo estoy caminando con mi bebé alzado mirándolo todo, viendo cuándo me voy a escapar. Hay un camión que sale, me parece que voy a decidir meterme bajo de ese camión, debajo de la lona... Sigo caminando con el bebé y me subo detrás del camión, voy como una zombi y me meto, sin nada...

—*Cuando cuente tres, vas a ir al comienzo de esa experiencia. Uno, dos...*

—¡El tipo ese me mata!

—*Cuando cuente tres, vas a ir al comienzo de esa experiencia. Uno...*

—Dejé el niño fuera, al lado de un árbol, y yo vuelvo a la casa. No lo entiendo. Dejé al bebé fuera para protegerlo, pero fuera de todo, al lado de un árbol... Yo dejé al niño lejos, fuera de todo, para protegerlo, para sacarlo de ese lugar... Vuelve a mí la imagen del perro. Veo a ese perro como acostado, como protegiendo a ese bebé... Es muy confuso todo, muy raro...

—*De todo esto, ¿cuál es el momento más terrible?*

—No sé, la situación «de nada». Como de cero emoción. Una sensación de «nada te importa», de estar como muerta en vida.

—*Cuando sientes que nada te importa, que estás como muerta en vida, ¿cuáles son tus reacciones físicas?*

—Angustia. Me da lo mismo estar viva o muerta.

—*Y cuando sientes que te da lo mismo estar viva o muerta, ¿cuáles son tus reacciones emocionales?*

—Siento algo aquí, como opresión en la barriga. El tipo me clava un cuchillo.

—*¿Dónde te lo clava?*

—Aquí en la barriga.

—*Cuando cuente tres, vas a ir al comienzo de esa experiencia. Uno...*

—Me estoy yendo, saqué al bebé y lo puse debajo del árbol, y lo estoy yendo a buscar por la noche, y el tipo me agarra, y me estoy viendo de nuevo afuera de la casa, ahora... Y veo el momento en que me clava un cuchillo.

—*¿Qué sientes cuando te clava el cuchillo?*

—Mucho dolor. Me doblo, empujo al tipo. Quiero irme, y voy saliendo de la casa, al tipo lo empujo y él se golpea la cabeza y yo sigo corriendo... sigo corriendo.

—*Sigue...*

Silencio.

—No... creo que me muero... Me muero ahí en el patio.

—*Y esto de «me da angustia, me da lo mismo estar viva o muerta, no siento nada», ¿de qué manera te afecta en tu vida como Catalina?, ¿qué te hace hacer?*

—Quizá querer tener mucha libertad, tener miedo a encerrarme.

—*¿Qué te impide hacer?*

—Intimar... tener pareja...

—*Cuando cuente tres, vas a ir al comienzo de todo esto, a la experiencia a la que tu alma necesita ir para sanar definitivamente este miedo a quedar encerrada. Uno, dos, tres. ¿Qué estás experimentando?*

—Estoy encerrada en una torre.

Revive otra vida...

—*¿Cómo eres cuando estás encerrada en la torre?*

—Estoy con harapos, totalmente encerrada, soy mujer.

—*Cuando cuente tres, vas a ir al comienzo de toda esa experiencia. Uno, dos, tres. ¿Qué estás experimentando?*

—Estoy en un castillo... Me parece que tengo un amante.

—*¿Estás casada con alguien cuando tienes ese amante?*

—Sí, con el dueño del castillo... No sé si es un rey, un conde o algo así. Y me manda encerrar en la torre.

—*¿Te descubre?*

—Sí, me descubre.

—*Cuando cuente tres, vas a ir al momento en que te descubre. Uno, dos, tres; estás ahí, ¿qué estás experimentando?*

—Me despierta gritándome. Está con otra gente, no entiendo nada...

—*¿Qué sientes?*

—Mucho miedo. El tipo no me dice nada, me agarran y me encierran, así como estoy, en un lugar muy alto. No hay nada, solo una ventana con rejas, sin vidrio ni nada... Es el único hueco que hay para salir. Es imposible salir.

—*¿Qué sientes?*

—Que es imposible salir. Grito, lloro hago todo lo posible... Grito: «¡Ayuda, ayuda!», pero no hay nada, solo animales. Es un castillo muy grande, nadie me puede escuchar...

—*¿Qué sientes cuando nadie te puede escuchar?*

—Desesperación. Trato de ver si puedo salir, pero está todo muy sellado, es imposible... Trato de rascar las paredes... —Le pongo encima un almohadón para que pueda sentir ese encierro más profundamente y pueda liberar toda esa desesperación que todavía queda ahí—. Voy perdiendo todo tipo de fuerza, me voy debilitando, no tengo nada, ni comida... Me estoy muriendo.

—*¿Qué le va pasando al cuerpo?*

—Se va como pudriendo, se va desintegrando... Como una calavera.

—*¿Cuál es tu último pensamiento antes de morir?*

—Nunca voy a salir de aquí.

—*Esto de «nunca voy a salir de aquí», ¿de qué manera está afectando tu vida como Catalina?, ¿qué te hace hacer?*

—Estar en relaciones de las que sea fácil salir.

—*¿Y qué te impide hacer?*

—Tener un compromiso.

—*¿Qué le pasó a tu alma cuando murió tu cuerpo?*

—Se quedó ahí.

—*Y entonces, ahora, primero vas a hacer lo que no pudiste hacer en ese momento, vas a sentir que sales de esa torre* —Le pongo un almohadón para que lo empuje y sienta que se libera—. *Siente bien la libertad, mueve tu cuerpo. Muy bien. Quiero que veas ahora si hicisteis alguna promesa con esta persona que era tu amante, algún pensamiento que hayas tenido hacia él cuando estabas en la torre...*

—Sí, «siempre lo voy a amar».

—*Y esto de «siempre lo voy a amar», ¿de qué manera está afectando tu vida como Catalina? ¿Qué te hace hacer?*

—No puedo amar a otros hombres, porque estoy comprometida con él.

—*¿Estás dispuesta entonces a romper esa promesa, ese compromiso, ahora?*

—Sí.

—*Primero te vas a despedir de alma a alma. Te voy a acercar este almohadón para que puedas sentir que lo abrazas y puedas despedirte de él. Y vas a repetir: «Yo, Catalina, rompo y anulo la promesa que te hice en esa vida, me libero y te libero».* —Lo repite tres veces—. *Ahora, vas a permitir que tu alma salga de esa torre, vas a percibir la Luz que te vino a buscar. ¿Puedes percibirla?*

—Sí.

—*Vas a ser consciente de que ese cuerpo ya no te pertenece, vas a quitar toda tu energía de ese cuerpo y de esa vida para poder llevarla a la Luz. ¿Puedes hacerlo?*

—Sí, ya me siento muy tranquila.

—*Ahora, para terminar de sacar toda tu energía de esas experiencias, cuando cuente tres, vas a ir al momento de tu muerte de aquella otra vida donde tienes el bebé. Uno, dos, tres.*

—Estoy tirada ahí desangrada...

—*¿Tu cuerpo ya está muerto?*

—Sí.

—*¿Cuál es tu último pensamiento antes de morir en esa vida?*

—Quiero encontrar a mi bebé, quiero ir con él.

—*Y esto, ¿de qué manera afecta tu vida como Catalina?*

Silencio.

—Todavía lo sigo buscando.

—*¿Y qué te impide hacer?*

—Tener otros hijos.

—*¿Qué pasa con tu energía cuando muere tu cuerpo?*

—Se va con el bebé.

—*¿Dónde está?*

—Bajo el árbol. Se lo lleva alguien y yo lo sigo… ¡Le estoy diciendo que es mío y no me oye!

—*¿Y tú te diste cuenta que tu cuerpo se murió?*

—No.

—*Cuando cuente tres, vas a volver al momento de tu muerte. Uno, dos, tres. ¿Qué estás experimentando?*

—Mucho dolor.

—*¿Qué le va haciendo ese cuchillo a tu cuerpo?*

—Lo va cortando, pero yo me lo saco y sigo. Sigo, pero después me caigo… Me muero.

—*¿Cómo muere tu cuerpo?*

—Le falta el aire y se desangra… Pero ahí es donde me levanté y me fui con mi bebé…

—*¿Ahí es donde no te habías dado cuenta de que tu cuerpo se había muerto y le decías a esa gente: «¡Es mi bebé!»?*

—Sí.

—*¿Y qué sientes cuando te das cuenta de que no te oyen?*

—Desesperación… Y yo lo seguía… como un fantasma, lo fui acompañando como un fantasma.

—*¿Te quedaste como un fantasma mucho tiempo?*

—Sí.

—*¿Y qué pasó con tu bebé?*

—Está con una familia, está bien.

—*Ahora que sabes que tu bebé está bien, ¿sientes que ya puedes ir a la Luz o hay algo que te queda pendiente?*

—Tengo que decirle a mi bebé que no lo abandoné.

—*Háblale a tu bebé de alma a alma. ¿Puedes hacerlo?*

—Sí.

—*¿Qué le dices?*

—Le digo que yo lo quería salvar, que lo iba a ir a buscar...

—*Bien, despídete del bebé, libéralo y libérate.*

Silencio.

—Ya está.

—*¿Estás lista para ir a la Luz entonces?*

—Sí.

—*Voy a reparar tu campo energético sacando el cuchillo, sanando la herida. ¿Hay algo más que necesites?*

—Irme.

—*Te pido, Dios Madre-Padre, que vengas a buscar a tu hija que ya está lista para regresar al hogar... ¿Puedes ver la Luz?*

—Sí, ya llegué. Siento mucha paz.

—*Te recibe algún Ser de Luz, algún Maestro, ¿recibes algún mensaje?*

—Sí. —Recibe en silencio su mensaje—. Ya está.

—*Ahora vas elegir un color para armonizarte. ¿Qué color elijes?*

—Amarillo.

Realizo como siempre la armonización y reparación de todo su campo energético y traigo a Catalina a su conciencia física habitual para que continúe su día, completamente en su conciencia física, en la fecha actual.

Catalina pudo darse cuenta de que quien huía del compromiso era ella en realidad... ¡y con justa razón a juzgar por la historia de su alma! Catalina no solo estaba atrapada físicamente en un lugar, en esa casa primero y en la torre después, sino también energéticamente, ya que, después

de la muerte en ambas vidas, su energía no había podido ir
hacia la Luz y había quedado atrapada en el plano físico.
¿Cómo puede ser, si está encarnada en este momento?,
os preguntaréis. Recordad que no es toda el alma sino
un fragmento de nuestra energía el que queda atrapado,
incluso también el que encarna. Y esa energía transmite
todas las sensaciones que tiene en ese momento a nuestra
vida actual. Al hacer la regresión, la recuperamos. Además,
Catalina estaba atada por la promesa de amor en la vida
en la que estaba encerrada en la torre, por eso no podía
comprometerse con otro hombre, pero tampoco
podía pensar en formar una familia y tener otros hijos,
ya que todavía «estaba corriendo detrás de su bebé».
¡Vean todo lo que había detrás de esa creencia
de que los hombres no se querían comprometer!
Catalina ya está mucho más libre para formar una familia
como la que ella desea.

Una automaldición

Estamos tan perdidos en este mundo dualista que a veces nosotros
mismos dictaminamos nuestra propia condena. Tenemos la costumbre de juzgarlo todo, de condenar y condenarnos. De esta manera,
¿quién necesita un dios castigador o un juez severo?

Como Andrea, nosotros mismos nos maldecimos muchas veces
diciendo cosas como...

Por lo que hice merezco quedarme sola

Andrea me pregunta: «¿Por qué no encuentro pareja?». Está divorcia-
da y, a pesar de conocer y salir con diferentes hombres, no logra com-

prometerse con ninguno y se siente muy sola. Veamos cómo su problema es muy diferente al de Agustina, aunque el síntoma parezca el mismo:

Comienza la regresión diciendo que se le acelera el corazón.

—*Siente cómo se acelera el corazón. ¿Qué le pasa a tu cuerpo?*

—Tiemblo. Las manos, de la cadera para abajo…

—*¿Como si te estuviera pasando qué cosa?*

—Algo feo.

—*Cuando cuente tres, vas a estar en la experiencia responsable de esas sensaciones. Uno, dos, tres. ¿Qué estás experimentando?*

—Veo montañas, rocas… Soy mujer, una niña. Llevo un pañuelo blanco en la cabeza, una falda y una canastita. Bailo y me muevo y estoy bien. Escucho tambores, como si alguien estuviera tocando un tambor… Ahora me parece que estoy en un pueblo. Es de noche, voy por la calle caminando. Hay casas antiguas y creo que es otro día…

—*¿Cómo te sientes?*

—No muy bien, estoy buscando a alguien.

—*Sigue avanzando.*

—Ese lugar no me gusta, siento olor a muerte, y después veo que un alma me ronda, que ahí alguien se murió, está el alma flotando. Ahora veo un bebé lindo, arropado, gordito… me necesita.

—*¿A qué se debe que te necesite?*

—No sé, parece que la madre no está.

—*¿Dónde está?*

—Murió.

—*¿Qué edad tienes?*

—Doce o trece años… Ahora soy mayor, lo abrazo, lo quiero mucho, él también me quiere, soy la única que lo puede cuidar…

—*¿A qué se debe?*

—A que los mataron.

—*¿A quiénes mataron?*

—A la madre.

—*¿Quién la mató?*

—Ese hombre que tocaba el tambor… Eran soldados. Es una revolución, la francesa, Francia…

—*¿Dónde estás?*

—En la guillotina. Le cortan la cabeza a una mujer rubia.

—*¿A qué se debe que le corten la cabeza?*

—Porque tenía dinero, era una aristócrata… Estoy escondida, con mi hermano, a lo mejor puede ser nuestra madre. Nosotros nos escapamos para que no nos apresen… Tengo una casa muy grande, muy bonita, pero está vacía… todos huyeron. Nos escondieron en el sótano.

—*¿Qué sientes?*

—Miedo, frío, oscuridad, hambre… Hay fuego, como si se estuvieran quemando otras casas, otros lugares, fuego, miedo, tiros… gente que corre… caballos que corren, gente que corre, frío. Pero no sé, porque nosotros también corremos, estamos huyendo, yo no estoy corriendo con mi madre sino con otra mujer que nos lleva. Está tratando de protegernos o a lo mejor nos está llevando para escondernos en el agujero. Nos pone esa señora que debe ser una sirvienta, mi madre está presa y a nosotros nos vistieron como pobres para que no nos apresen… Hay ruidos, alguien viene. Para que no nos agarren, ella sale y se entrega, y me deja sola con mi hermanito y a ella se la llevan.

—*¿Qué sientes?*

—No sé, porque no veo nada, pero miedo, supongo… El bebé llora, tiene hambre y ahí no hay nada, trato de ponerlo al pecho, pero yo no tengo leche y no le puedo dar nada, siento culpa, se va a morir si no le doy de comer… Me tengo que ir de ahí, a alguna granja donde haya algo para comer. Él es pequeño, no sé qué va a comer. Yo no sé hacer nada, nunca hice nada… Corro con el bebé y voy a esa cabaña en que hay una cuna, se ve que hay otro bebé, y busco algo para comer y veo leche y le doy en cucharita y está contento.

—*¿Qué sientes?*

—Que lo quiero mucho y él también me quiere. Está contento, no entiende nada, no sé qué va a pasar. Crece, ahora es mayor, tiene pantalones cortos.

—*¿Cómo lograste sobrevivir?*

—Alguien nos ayudó, unos campesinos... Y pasamos a ser pobres.

—*¿Qué sientes?*

—Felicidad, porque podemos sobrevivir. Él se hace mayor y se hace fuerte, pero después me deja. Hay otra chica, se enamora, es bonita, y está enamorado, se va con ella, se casa... Y yo me quedo sola porque lo tuve que cuidar a él. ¡Es un desagradecido, yo me quedé soltera y él se va!

¡Casi me matan por salvarlo a él! «¡Si no fuera por mí no estarías vivo, y yo te quiero, llévame a vivir contigo también, si tenéis un hijo os lo voy a cuidar... yo no quiero estar sola, llevadme con vosotros!». ¡No quiero estar sola! Me llevan a vivir con ellos... Ella es una mujer de mucho dinero, es una casa muy hermosa... Les hice alguna maldad. Le robé cosas a ella y al padre. Vivía el padre de ella ahí... Me parece que lo maté porque ella lo quería. A él lo maté, ella después se murió sola... Le estoy poniendo algo en una bebida... cianuro... y lo mezclo con el café y se lo doy...

—*¿Qué sientes?*

—¡¡¡Placer!!! Porque se muere y se va a quedar sin su padre. Le voy a hacer daño como ella me hizo a mí (por casarse con mi hermano). Lo toma (el cianuro) y se muere, se empieza a quedar tieso... ¡Me río, estoy contenta, siento placer! Después hice otra cosa, maté a los hijos, ¡a mis sobrinos! Ahogué al pequeño, como un perrito, lo que quería hacer con Cirilo. —Su exmarido en su vida actual y hermano en aquella—. Era pequeño... lo agarré... no sé si lo ahogué o lo ahorqué...

—*¿Qué sientes?*

—Confusión. No quiero hacer eso, pero es tanta la rabia que tengo, tanto el daño que le quiero hacer a esa mujer… la rabia… Yo al bebé no le quiero hacer ningún daño, pero a ella, sí. En realidad lo mato, pero me arrepiento, estoy arrepentida. Siento rabia… ¿Por qué estoy haciendo esto si el bebé no tiene la culpa? Es porque no soy suficientemente valiente para matarla a ella… Lo mato de odio, de rabia, creo que lo ahorco en el baño, y lo tengo así —hace gesto con las manos— y lo ahogo… Se murió. Lo saco, lo dejo en la cama… lo encuentra en la cama de ella, se vuelve loca. ¡¡¡Ja, ja, ja!!! Se vuelve loca, llora. Grita, no importa… y se la llevan. Ella, como se vuelve loca, a lo mejor piensan que lo mató ella… Y yo me quedo con él. —El hermano—. Se murieron todos y yo me quedo con él…

—*¿Qué sientes?*

—¡Placer! Ahí somos felices, porque yo estoy con él y tenemos dinero. Pero ahora empieza a salir y se vuelve a enamorar. Conoce a otra, no es de fuera, es de la casa, es una sirvienta… Y ella sabe que yo maté al padre y al hijo. Y ella empieza a llenarle la cabeza y me echan… Y yo vuelvo a esta casa… —el rancho donde se criaron—, y él se queda con ella y yo me quedo sola.

—*¿Y qué sientes?*

—Me siento un poco mejor, porque por lo menos me vengué. Y fui un poco feliz. Pero ahora, por lo que hice, merezco quedarme sola. Por… el amor enfermo que sentía por él.

—*¿De qué manera está afectando tu vida como Andrea esto de «por lo que hice merezco quedarme sola»? ¿Qué te impide hacer?*

—Tener una pareja… tener otra pareja… Yo quisiera estar con alguien.

—*Para lograr eso vas a tener que dejar todo esto atrás, cortar con todo esto… yendo al momento de tu muerte en esa vida.*

—Estoy con Cirilo… Le tengo que decir la verdad, que maté a su hijo.

—*Pídele perdón y libérate de eso. Comunícate con él de alma a alma.*

—Te pido perdón, yo maté a tu hijo y también maté al padre de tu mujer. Yo era la enferma. Soy yo, no tú. No podía cortar, me enamoré desde que naciste, eras mi bebé, no quería que mi muñeco creciera. Eras mi muñeco, como si yo fuera la madre... Pero la madre no puede casarse con el hijo y yo no entendía eso, ahora me doy cuenta. Veo las montañas... Antes veo el cuerpo de pelo blanco. Pido perdón y devuelvo la energía al bebé, al padre de ella, que me quería como a una hija. También a la mujer de Cirilo... Me cuesta, no puedo... La volví loca, pero no puedo...

—*Entonces primero vas a cortar el lazo que tienes con Cirilo. ¿Dónde está el lazo que representa el amor enfermizo que tienes por él en esa vida?*

—En el pelo.

—*¿Con qué lo cortarías?*

—Con una tijera. —Hace gesto de cortar el lazo energético—. Corto y termino definitivamente con esa relación de amor enfermiza que tenía con Cirilo en esa vida. Te pido perdón por lo que te hice. No le pedí perdón a «la loca»

—*Hazlo ahora.* —Le pide perdón a la mujer de su hermano y le devuelve su energía—. *¿Qué pasa con tu energía cuando muere tu cuerpo?*

—Ahora es cuando veo las montañas arriba y el cuerpo de pelo blanco... Ya les pedí perdón, y les devolví su energía...

—*Sé consciente de que ese cuerpo se murió, que no te pertenece. Quita toda tu energía de ese cuerpo y esa vida. Llévala a la Luz y avísame cuando hayas llegado. ¿Puedes hacerlo?*

—Sí, ahora sí... subo... y llego a un lugar blanco... siento paz.

Como en toda regresión, termino el trabajo con una armonización y trayendo a Andrea de vuelta a su consciencia física habitual en esta vida.

Andrea, en esa vida, asesinó sin culpa y hasta con placer, por envidia y celos. Eso es vivir una vida como victimario, tema explicado en el libro *Sanar con vidas pasadas*. En el momento de su muerte su alma se arrepiente, siente culpa y se dice a sí misma: «Por lo que hice, merezco quedarme sola». Esta creencia se convierte en un mandato en vidas posteriores, a modo de «automaldición», que es un condicionamiento muy fuerte. Si se quedara sola en una vida y aprendiera la lección, el objetivo estaría cumplido. Pero el problema es que esta creencia de merecer estar sola permanece y se repite en varias vidas, hasta que, al hacer la regresión, hace consciente su origen y desactiva el mandato autoimpuesto.

Reacciones inexplicables

Si las automaldiciones permanecen vida tras vida manifestándose en un castigo autoimpuesto, ¡lo mismo sucede con las maldiciones a los otros y de los otros! Además, por una ley cósmica de justicia divina perfecta, el poder maléfico de estas se vuelve contra quienes las pronunciaron. Actúan como un *boomerang*, además de dañar a quien fue maldecido.

Y además, si quien es nuestra pareja ahora, sobre todo si es alguien a quien amamos y volvimos a elegir como compañero para esta vida, nos agredió en otra y estamos juntos para reparar lo sucedido, vamos a sentir mucho miedo, rechazo, ganas de huir o celos, al estar con él, y sin saber por qué. Ya que la razón no es de esta vida, sino de la anterior.

Eso le sucede a Rocío, que, estando en una relación de pareja donde todo anda maravillosamente bien, nada explica lo que ella siente, y ella y su compañero padecen cuando quieren estar juntos, porque, como dice ella…

Cuando se me acerca siento rechazo

Rocío me cuenta que, cuando su novio se le acerca, siente rechazo, a pesar de que le quiere, la atrae y está enamorada. Sospecha que tiene que ver con «algo más».

—No quiero que se me acerque, no quiero nada.

—*¿Qué sientes cuando no quieres que se acerque?*

—Siento que me invade.

—*¿Y qué sientes cuando te sientes invadida?*

—Me cierro más.

—*Cierra los ojos y ponte cómoda. Siente cómo todo tu cuerpo se afloja y relaja envuelto en luz. Vas a imaginar que desciendes por una escalera o túnel de luz hacia la experiencia que tu alma decidió trabajar hoy aquí para tu sanación, la experiencia responsable de «me siento invadida cuando se me acerca, me cierro más». Diez… comienzas a entrar en estados más profundos. Nueve, ocho… tu estado es más y más profundo. Siete… más y más profundo. Seis… vas más y más atrás en el tiempo. Cinco, cuatro, tres, dos… tu estado es muy, muy profundo. Uno… saliste del túnel o escalera y comienzas a moverte en una experiencia, puede ser conocida o desconocida, antigua o moderna… Cuando cuente tres, vas a estar en la experiencia responsable de que te sientas invadida. Déjate llevar, tu alma sabe. Uno, dos, tres… ¿Dónde estás?, ¿qué estás experimentando?*

—Es un lugar… gris. —Se ahoga, tose—. Siento un fuego en la garganta.

—*¿Qué le está pasando a tu garganta?* —Tose—. *¿Sabes dónde estás?*

—Se está quemando todo. Estoy en una casa. —Tose de nuevo.

—*Eso es, sigue.*

—Estoy buscando a alguien. Todo se quema, pero no me puedo ir.

—*¿A quién estás buscando?*

—A un bebé.

—*Cuando cuente tres, vas a ir al comienzo de esa experiencia antes de que se empiece a quemar todo. Uno, dos, tres. ¿Qué estás experimentando?*

Llora.

—Un hombre me golpea y me veo peleando, forcejeando con él.

—*¿Qué relación tienes con ese hombre?*

—Es mi marido, me golpea, y caigo al suelo inconsciente.

—*Sigue.*

—Y estamos en nuestra casa, oigo a nuestro bebé llorando. No sé por qué discutíamos, pero está muy enojado y me insulta.

—*¿Qué te dice, qué palabras escuchas?*

—Me dice «ramera».

—*¿Qué sientes cuando te dice «ramera»?*

—Siento que lo odio… ¡lo odio, lo odio! Lo odio porque me maltrata. Me agarra, me zamarrea, me pega, me grita, me patea, estoy en el suelo tirada… Me patea, y yo lo odio. Lo odio. No me puedo levantar, pero me quiero levantar y lo quiero matar, y el bebé llora de fondo. Me quedo ahí tirada. Tira queroseno, prende fuego a todo y se va. Me maldice, me maldice a mí y maldice a mi hijo.

—*¿Cuál es la maldición que pronuncia?*

—«Os maldigo a vosotros dos, malnacidos, para siempre. A ti, que no tendrías que haber nacido, y a la ramera de tu madre. Que os pudráis». Y se va.

—*¿Qué sientes cuando te dice eso?*

—No me puedo levantar, lo quiero matar. ¡Y mi bebé, mi bebé! —Llora—. Está ahí, lo quiero ir a salvar… —Llora—. No tengo fuerzas para levantarme. —Tose—. Y todo se quema. Y siento que el techo se empiezan a caer, y los gritos de mi bebé… —Llora—. Entonces me arrastro, me arrastro, y no lo encuentro. ¡Y lo odio, lo odio, lo odio! Lo maldigo también: ¡Nunca va a ser feliz, en su vida va a volver a ser feliz, porque es un hijo de puta! ¡Y lo mató, mató a mi hijo! ¡Ya no lo oigo! Ya no llora… —Tose.

—*Eso es, sigue avanzando…*

—Me quedo ahí, no tiene sentido salir de ahí sola.

—*¿Y qué haces entonces?*

—Me ahogo. Me ahogo con el humo. Me falta el aire… Tose—. Me quedo sin aire… me desmayo… Pierdo la consciencia. Ahí veo cómo mi cuerpo se quema.

—*¿Tu cuerpo está vivo o muerto ahora?*

—Está muerto.

—*De toda esta experiencia, ¿cuál es el momento más terrible?*

—Mi bebé... no pude salvar a mi bebé.

—*Cuando sientes que no pudiste salvar a tu bebé, ¿cuáles son tus reacciones físicas?*

—Me dejo morir.

—*Y cuando te dejas morir, ¿cuáles son tus reacciones emocionales?*

—No tiene sentido seguir viviendo sin mi bebé.

—*Y cuando sientes que no tiene sentido seguir viviendo sin tu bebé, ¿cuáles son tus reacciones mentales?*

—Quiero morir con él.

—*Esto de «me dejo morir, no tiene sentido seguir viviendo sin mi bebé, quiero morir con él... », ¿cómo está afectando tu vida como Rocío? ¿Qué te hace hacer?*

—Me hace tener miedo a perder a la gente que quiero.

—*Y todo esto, ¿qué te impide hacer?*

—Me impide quererlos más y aceptarlos como son.

—*Quiero que veas la maldición que os hizo este hombre cuando dijo: «Os maldigo a vosotros dos, malnacidos, para siempre», ¿de qué manera afecta tu vida como Rocío, qué te hace hacer?*

—Me hace querer rebelarme.

—*¿Y qué te impide hacer?*

—Me impide ser feliz. Cuando Felipe —su novio— se me acerca, no lo puedo soportar.

—*Ahora vas a soltar, y vas a decir y hacer todo lo que quisiste en ese momento. Y también vas a romper con la maldición que le hiciste, y con la que él te hizo a ti. Contacta con su alma y pregúntale si él está dispuesto a romper con esa maldición.*

—Sí.

—*Entonces, dile que le vas a prestar tu voz para que él rompa la maldición que te hizo en esa vida.*

—Te presto mi voz para que rompas la maldición.

—*Que repita: «Yo rompo y anulo la maldición que le hice a Rocío y a su bebé en esa vida. Rompo y anulo definitivamente esa maldición. Rompo esa maldición para esta y otras vidas. Me libero y la libero».*

Rocío lo repite todo

—*¿Sientes que tienes la energía de la maldición de él en alguna parte de tu cuerpo todavía?*

—Sí. Aquí. —Señala el plexo.

—*Entonces la vamos a sacar. Agarra la maldición con tus manos, yo te voy a ayudar. Repite conmigo: «Arcángel Miguel...* —repite—, *ata con cordones de luz cósmica...* —repite— *esta maldición y arráncala de mi cuerpo y de mi campo energético, ahora». Uno, dos y... ¡tres!* —*Saco la energía de la maldición de su cuerpo*—. *Eso es, ¿sientes que salió?*

—Sí.

—*Ahora vas a romper tú la maldición que le hiciste a él. ¿Estás dispuesta a romperla?*

—Sí. «Rompo y anulo la maldición que te hice en esa vida. Me libero y te libero» —repite tres veces.

—*Vas a sacar el humo que quedó en tu cuerpo. Siéntate y escupe todo el humo.*

Tose sacando todo el humo de su cuerpo.

—*Ahora vas a abrazar a tu bebé* —le doy un almohadón— *y te vas a despedir de él.*

Llora.

—Yo traté de protegerte. No pude... Te pido perdón. Tú eras inocente, eras inocente. Ahora vas a estar bien, lejos de tu padre... Te tienes que ir, te voy a dejar.

—*Ahora fíjate si puedes sacar toda tu energía de tu cuerpo ya muerto, de esa vida, de esas experiencias, y llevarla a la Luz.*

—Sí.

—*Avísame cuando hayas llegado. ¿Llegaste?*

—Sí.

—*¿Cómo te sientes ahí?*

—Bien. Tranquila. Estoy con mi bebé.

—*Elige un color para la armonización.*

—El rosa.

—*Siente cómo la vibración del color rosa envuelve todo tu cuerpo y borra las imágenes, sensaciones y emociones de las experiencias pasadas, trayendo una nueva vibración a tu vida como Rocío… A la de tres vas a abrir los ojos y a volver a tu consciencia física habitual sintiéndote tranquila, relajada y envuelta en un profundo bienestar. Uno, dos, tres.*

Romper maldiciones, perdonar, ser perdonados, liberar las emociones que quedaron atrapadas en esas experiencias tan terribles, decir lo que no pudimos en esos momentos… es lo que hacemos en toda regresión para sanar lo que nos aflige ahora. ¿Cómo iba a querer Rocío repetir en esta vida lo sufrido en la anterior? Cuando Felipe se le acercaba, toda esa experiencia resurgía en la voz del síntoma: rechazo. Además, las maldiciones los condenaban a ambos a no ser felices juntos en esta vida en la que habían decidido darse una nueva oportunidad. En el Libro III conoceremos la fuerza del Arcángel San Miguel y su ejército de ángeles para romper maldiciones y liberarnos de energías oscuras.

Testimonios de Eloísas liberadas

Después de una sesión de regresión, pido a las personas que me cuenten cómo siguen para poder hacer un seguimiento del proceso y responder las preguntas y dudas que les surjan. La gran mayoría, por no decir todos, percibe cambios importantes en su vida después de una o más regresiones, según las que hagan falta en cada caso. Veamos dos testimonios interesantes:

Regina, después de romper una promesa de amor eterno, me escribe:

¿Cómo estás? Espero que muy bien, ¡¡¡como yo!!! Ja, ja, no sé si te acuerdas de mí, soy Regina. Fui a verte hace casi dos meses a hacer terapia de regresión por mi miedo al compromiso. Bueno, te cuento que al salir de la terapia, no sé si ese día o al siguiente, conocí a un chico vía Facebook, tuvimos mucha conexión, nos vimos y ya hace casi dos meses que estamos saliendo; tenemos una relación comprometida y me gusta. La regresión me sirvió muchísimo. La verdad es que todo fue muy rápido e intenso, tenemos una relación muy consistente para llevar juntos tan poco tiempo, y no tuve ningún síntoma de querer escapar, salir corriendo de la situación o sentir que él me invade. Es más, soy más demostrativa, digo lo que siento sin miedos, no como antes, y me siento segura. Lo que noté es que no tengo expectativas, a diferencia de antes, que mi cabeza iba más allá de lo que tenía. Vivo el presente y, así, estoy en el lugar que quiero con una persona que me demuestra sentir lo mismo que yo, y me siento en paz.

Mil gracias, ¡¡¡muchas gracias!!! Yo sabía que al salir de la sesión mi vida iba a ser diferente.

Meses después me escribió que se casaban.

Constanza necesitaba terminar una relación. Después de la regresión, me cuenta:

Después de nuestro último encuentro, logré darme cuenta de que lo revivido se desarrollaba en algún lugar de Inglaterra, y que aquel exmarido (después de quitarle las patillas y el sombrero de copa) era nada más y nada menos que mi primer novio y actual amigo... Hace veintidós años que nos conocemos y hemos compartido mucho. Hoy él sigue soltero, ya que las parejas que suele tener son muy celosas para su gusto, como él lo fue conmigo en la regresión. Fue tan fuerte el descubrimiento que decidí dejar el plano amoroso que a veces tenemos para permitir que otras personas aparezcan.

¿Se acuerdan de Catalina, que en una vida había muerto en la torre y atada por una promesa de amor y, en otra, asesinada por su esposo y había permanecido como fantasma por querer proteger a su hijo? ¿La misma que le escapaba al compromiso? Pues ¡dos años después de haber hecho la regresión encontró el amor de su vida, viven juntos y decidieron casarse!

2

Cuando dos personas recuerdan la misma vida pasada

«El vacío es vacío en el sentido que nada de ti quedara ahí;
pero no es vacío en otro sentido, ya que el Todo entrará en él».

OSHO

Muchas veces las personas me preguntan si pueden hacer una regresión para ver si estuvieron con su amiga o con su pareja o sus hijos en alguna vida pasada. Yo les digo que no se puede hacer una regresión donde garantice ese encuentro, que toda regresión se inicia con algo de nuestra vida que queramos modificar, saber o sanar; que no me cabe ninguna duda que han estado juntos en otra vida. El hecho de tener esa inquietud lo está demostrando, pero, además, porque encarnamos en «grupos de almas», o sea, que los que nos estamos viendo ahora, con quienes nos encontramos en esta vida, muy probablemente hayamos estado juntos antes. En la mayoría de las regresiones reconocemos a alguien de nuestra vida actual: hermanos, hijos, amigos, suegros, socios, y están como amigos o también como enemigos… Pero de vez en cuando nos encontramos con regresiones donde las dos personas que están presentes reviven la misma vida en que estuvieron juntas y, en estos casos, habitualmente una de ellas está haciendo la regresión y no solo reconoce a la otra que está con ella en ese momento, sino que la persona que está observando la regresión, comienza a recordar también esa vida…

Un consejero y su rey

Román está observando la regresión de una compañera del curso de formación en la Técnica de Regresión a Vidas Pasadas Orientación Chamánica que dicto, cuando ella revive una experiencia en que era un rey en Siria, que mataba y destruía al pueblo que acababa de conquistar. O sea, lo que llamamos: «vivir una vida como victimario», tema explicado en el libro I de esta trilogía *(Sanar con vidas pasadas)*. Esta actitud violenta, sin justificación y sin arrepentimiento de su parte en ningún momento, por puro sadismo, generó un karma que la obligó a atravesar situaciones difíciles en otras vidas, ya que su alma no tuvo otra alternativa, que «ponerse al otro lado del mostrador», para aprender a no hacer sufrir a los demás.

En su vida actual ella ya es una persona buena que ha aprendido a «no dañar», pero aún sigue sufriendo. No tiene que seguir pagando las consecuencias de aquella vida en Siria, pero inconscientemente lo hace, porque está «apegada al rol de víctima» y continúa autocastigándose más por costumbre que por necesidad. Tal vez darse cuenta de eso haya sido el verdadero motivo por el cual está haciendo el curso.

En un momento de la regresión en el que ella está reviviendo su vida como rey de Siria, a Román, un compañero de curso que está observando la regresión, se le llenan los ojos de lágrimas. Siente mucha angustia y estas palabras resuenan en su cabeza: «Te lo dije, te dije que no lo hicieras»… Se ve en ese instante siendo el consejero de ese rey de Siria que, al no ser escuchado por él, se retiró al desierto a meditar hasta el fin de sus días. La regresión de su compañera es el detonante del recuerdo en Román de haber estado juntos en esa vida. El curso los volvió a juntar. ¿Casualidad o sincronicidad, un encuentro más allá del tiempo?

Una madre y su hija

En un Taller de Sanación con regresiones en el que hago una regresión a cada persona en el contexto grupal, o sea que los demás participantes son testigos de las mismas mientras no es su turno, tuvimos una experiencia muy conmovedora. Soledad estaba reviviendo una vida en la Edad Media como una joven madre que, al ser perseguida por un grupo de gente de un pueblo que la acusaba de «bruja», dejó a su pequeña hija en una cueva para protegerla y huyó por el bosque. Estas personas la apresaron y la mataron. Como nadie sabía del escondite de la niñita, esta quedó sola y desamparada, por lo que murió poco después con la sensación de que su madre la había abandonado. La regresión de Soledad concluyó con su muerte en manos de esta gente, a pesar de que muchos habían sido sanados por ella. Pero el terror sembrado por la Santa Inquisición no sabía de razones ni agradecimientos. Murió pensando en su hijita, con la esperanza de que un alma caritativa la encontrara. En ese momento, otra participante del taller, Camila, rompió en un llanto incontrolable doblando su cuerpo en posición fetal, mientras sus compañeros sorprendidos trataban de consolarla. Ella había sido la pequeña niña en aquella vida. Lo supo, mejor dicho, lo sintió, lo revivió en ese preciso momento. La recosté junto a Soledad, su madre de esa vida, ya que ella estaba todavía en regresión, en estado expandido de consciencia, y en ese estado, pudo darse el encuentro entre las almas. Camila liberó su angustia y pudo comprender que su madre no la había abandonado. Se abrazaron, se reencontraron para poder dejar el pasado atrás… Y todos lloramos… ¡pero de emoción y agradecimiento hacia el orden divino que orquesta estos encuentros!

Eres una gran amazona

En el libro I de esta trilogía *(Sanar con vidas pasadas)*, mencioné la manera en que nuestros seres queridos que partieron pueden enviarnos señales para decirnos que están bien y que nos quieren, para ayudarnos y preparar la verdadera despedida: cuando su alma se eleva a una dimensión espiritual en que la comunicación es sumamente sutil, en nada se parece a la habitual comunicación entre humanos. Cuando creemos que ya los perdimos, en realidad están, porque la separación no existe, es una ilusión de la mente. En mi experiencia, después de la muerte de mi hijo, mientras duró el período de recibir señales por los canales reconocibles para los que quedamos en este plano, en uno de sus muchos mensajes, él me aconsejó: «Mamá, tienes que ir a caballo, eres una gran amazona». Creí que me lo decía metafóricamente.

Pero qué grande fue mi sorpresa cuando, en un curso de regresiones, en los años que enseñé junto a José Luis Cabouli, presencié la regresión de una alumna que estaba reviviendo una vida como amazona. Al mismo tiempo que ella hacía su experiencia, empecé a percibir imágenes, sensaciones y certezas que fueron confirmadas por ella, al finalizar su regresión:

—¡Tú eras la anciana que estaba eligiendo a su sucesora entre nosotras! Tú nos enseñabas no solo a luchar, sino también a sanar con una técnica de colores —me dijo asombrada de haberme reconocido en su regresión.

Cabe aclarar que, durante la regresión, la alumna relata de esta manera cómo las amazonas trataban a los hombres:

—Los hombres solo nos sirven para reproducir y, al dar a luz, a nuestros hijos varones no los criamos nosotras mismas para asegurarnos de no generar un apego o un lazo de cariño con ellos. Así luego los podemos sacrificar a los dioses si es necesario; ni siquiera sabíamos de quién eran hijos.

Y hacia el final, me reconoce entre ellas:

—La más anciana entre nosotras está eligiendo a su heredera en el mando, me señala a mí. Ella me enseñó muchas cosas.

El miedo a no encontrarnos

Si nos encontramos y reencontramos en diferentes vidas, ¿quiere decir esto que estuve antes y estaré luego con el ser querido que perdí en esta vida? Es muy probable. Nos movemos por el universo en grupos de almas, como los actores de una misma compañía de teatro. Y, como ellos, si bien continuamos trabajando juntos, podemos representar roles similares o completamente diferentes, a veces coincidir y otras no.

Saber esto tranquiliza mucho a quienes quedamos con vida después de haber perdido a un ser querido. Nos da la sensación de seguir unidos en algún lugar y la esperanza de volver a encontrarnos. Y es así.

Entiendo que la posibilidad de la reencarnación puede ser amenazante en una cultura ajena a la reencarnación, donde el reencuentro es en el «más allá», apenas terminada esta vida, y manteniendo el mismo rol, la misma relación, como una continuidad sin fisuras solo que en un lugar paradisíaco y solo con aquellas personas con las cuales nos llevamos bien. Y es que, si pensamos que pueden pasar años o días (no lo sabemos con certeza) entre reencarnación y reencarnación, ¿esto quiere decir que, cuando yo muera, tal vez mi marido que ya murió (o mi madre, o mi hijo) puede que ya no esté cuando yo vaya al cielo, que ya haya reencarnado? O peor: ¿que reencarnemos en lugares diferentes? Sí, puede pasar. Y ese pensamiento aterra. Lo entiendo. Esta incertidumbre de «si nos vamos a reencontrar o no» es muy angustiante y por eso muchos preferirían que no fuera así, que la reencarnación no fuera posible, para quedarnos juntos para siempre en el cielo.

Pero solo quiero recordaros algo: esto no genera ningún sufrimiento cuando estamos en la Luz. Para el alma no hay tiempo, lo que a nosotros ahora nos pueden parecer cincuenta años, para el alma son solo segundos. Mientras estamos en el cielo, no extrañamos, no esperamos. Lo comprendemos todo a nivel del alma, vemos con los ojos del Espíritu, con La Mirada del Águila. En la Luz no hay sufrimiento ni desencuentro, porque no hay apegos ni espera. Solo paz. El sufrimiento lo genera nuestro pensamiento cuando nos proyecta a un futuro que no es real.

En el nivel de consciencia más elevado, sabemos que la separación es una ilusión, todos somos uno. No hay separación. Nunca la hubo. En la multiplicidad compartimos la misma esencia. Solo necesitamos recordarlo.

> Los hombres están ofuscados por la ilusión de los pares
> de opuestos, y en vez de la Unidad ven las antitéticas formas
> de atracción y repulsión. Pero algunos ya están libres de la
> ilusión de los pares de opuestos y saben que soy Todo en
> Uno.
>
> BHAGAVAD GUITA
> SÉPTIMA PARTE: DISCERNIMIENTO ESPIRITUAL

3

¡Ay, los padres!

«Hay dos cosas duraderas que podemos aspirar a dejarles a nuestros hijos: la primera es raíces, y la otra, alas».

HODDING CARTER
(CITADO POR DEEPAK CHOPRA)

Es muy difícil comprender el sufrimiento, pero mucho más cuando este proviene de aquellas personas que más amamos y en quienes confiamos, como una pareja, un amante, un amigo. Sin embargo, resulta incluso más complicado y doloroso, y deja marcas más duraderas, cuando quienes nos lastiman son los que por la ley natural deberían cuidarnos, protegernos y desear lo mejor para nosotros: nuestros padres, quienes nos engendraron y de quienes dependemos para nuestra supervivencia. A quienes la madre naturaleza confió nuestra vida. De ellos aprendemos a ser personas. Son el portal de entrada a esta nueva oportunidad para desplegar nuestros dones y enderezar los errores del pasado. ¡Una gran responsabilidad donde las haya!

¿Será que, a fin de cuentas, la culpa la tienen los padres, como dice el psicoanálisis? Un poco y un poco. Es cierto que somos seres indefensos en sus manos cuando llegamos a este mundo. Lo reconoce la ley de los hombres al imponerles obligaciones; dando por hecho, al mismo tiempo, que muchos padres escaparían a este deber natural y que, por ignorancia, inmadurez o incapacidad psíquica y pobreza espiritual, algunos no solo lastiman a sus hijos directa o indirectamente, los abandonan o ignoran, sino que también les enseñan la violencia como método de resolución de conflictos, hasta de relación entre las personas, rasgándose luego las vestiduras ante las palizas entre adolescentes a la salida de una discoteca o de la escuela.

Desde La Mirada del Águila, recordamos que la moneda tiene dos caras. Cuando venimos a este mundo, no lo hacemos por primera vez. Ya estuvimos antes, y muchas veces. Somos almas viejas en cuerpos nuevos, con un largo camino a nuestras espaldas, con facturas pendientes y aprendizajes por delante. Ni nuestros padres ni nosotros somos perfectos, y todos nos conocimos antes. Pudimos haber sido amigos, enemigos, esposos, padres, hijos, conocidos, socios, habernos maldecido o ayudado, torturado o asesinado, también amado profundamente.

Cuando nos reencontramos ahora, todo eso se reactiva apenas nos vemos de nuevo. ¡¿Os imagináis el terror de tener de padre a quien nos torturó en otra vida?! Pero no es casualidad que estemos con él de nuevo. Elegimos nacer (o eligen nuestros Maestros Espirituales por nosotros) en la familia, país y época histórica que nos ofrezca las experiencias que reactiven las semillas del karma, aquellos asuntos pendientes de otras vidas que traemos para trabajar en esta encarnación. Y nosotros también reactivaremos las de los otros. Las experiencias de la infancia dejan huellas profundas, para bien o para mal, facilitando nuestro desempeño en la vida o haciéndolo más difícil, y las causas son una combinación de factores entre lo que nos ofrecen nuestros padres y lo que por nuestra historia podemos tomar.

La Mirada del Águila, por el hecho de ser más abarcadora al tener en cuenta la ley del karma, donde no hay víctimas ni victimarios reales, no está justificando los malos tratos a los niños, sino que está recordando a sus padres su gran responsabilidad ante ellos. Como dice Foster Perry en el prólogo de esta trilogía: «Si nuestros padres nos traicionan al no desarrollarse ellos mismos o al no seguir su plan de vida, nos sentimos traicionados y abandonados, y creamos fuertes deseos de dejar este mundo. Para encontrar nuestro lugar en este mundo a pesar de los planes kármicos a menudo difíciles e intensos, necesitamos la perspectiva del águila para saber que estamos eligiendo todo desde una perspectiva más elevada».

Abusos

Recordemos que en cada acción generamos nuevo karma, y deberemos responder por él; responderemos por cada acto, cada pensamiento, cada semilla de pensamiento en el futuro. Y en la ley cósmica no hay jueces garantistas. Responderemos por causar daños como el sufrido por Nieves, cuya marca de la infancia todavía llevaba cuando vino a verme:

Rechazo mi cuerpo

Nieves, una mujer de mediana edad, me cuenta: «No acepto mi cuerpo, siento rechazo al verme, me da mucha angustia».

Comienza la regresión experimentando situaciones de la infancia de su vida actual: un padre violento con toda su familia, que se enojaba y gritaba, al que ella temía, que siempre la hacía trabajar cuando ella quería jugar.

Llegando al final de la regresión, le pregunto si ya está bien. Me dice:

—Tengo la cara de mi padre encima mío, no sé... son sus ojos...

—*Cuando cuente tres, vas a ir a esa experiencia y todo te va a ser perfectamente claro. Uno, dos, tres. ¿Qué estás experimentando?*

—Siento que me están forzando...

—*¿Quién te está forzando?*

—Veo la cara de mi padre...

—*¿Y tú, cómo eres?*

—Soy pequeña... muy pequeña. Siento asco. No puede ser... no entiendo... siento como... no sé cómo voy a convivir con eso...

—*Por más difícil que sea, tu alma vino a trabajar eso para que te liberes definitivamente.*

—¡Aj! —Pega al almohadón, se defiende como antes no pudo hacerlo... llora—. Mi corazón... siento que me late fuerte.

—*Deja salir todo eso. Sácalo para siempre. Sigue.*

—Soy un bebé... de unos ocho meses... me toma de las piernas, de los tobillos, ¡y me viola! Mira para todos lados para que no lo vea mi mamá... Quiero llorar y mi papá me tapa la boca, pero deja la puerta abierta, veo la puerta abierta...

—*¿Es tu casa de cuando eras pequeña?* —Necesito saber si sucede en «esta vida» y no en una «anterior», ya que Nieves no me había hablado de esto en la entrevista. Creo que ella no lo sabía.

—Sí... veo la cocina... e intenta... intenta violarme... intenta... pero soy muy pequeña y le da miedo de hacerme daño... y no lo hace...

—*¿Qué sientes cuando intenta violarte?*

—Desprotección, desamor, asco...

—*¿Y esto, de qué manera te afecta ahora como adulta?*

—Me hace comer, no cuidarme... me doy asco... porque me da asco lo que hizo mi padre con mi cuerpo...

—*Vas a sacar toda la energía de tu padre de tu cuerpo.* —Extraigo esa energía con técnicas de sanación chamánicas que operan sobre el campo energético—. *Y le vas a pedir a tu padre que te devuelva tu energía.*

Recupera su energía, que el padre, pidiéndole perdón entre lágrimas, le devuelve arrepentido, y termino la regresión, como siempre, con una armonización energética para que se libere completamente de todo lo experimentado.

Nieves pudo perdonar a su padre, pero le costó unos días asimilarlo, ya que es muy fuerte, emocionalmente, descubrir escenas tan traumáticas de la infancia. Os preguntaréis: ¿No es mejor no saberlo? No, porque la verdad libera. Lamentablemente, he tenido varios casos similares, de pacientes que descubren haber sufrido abusos en la infancia por un familiar —o no—, y descubrirlo siempre fue sanador para ambas partes. Además, la escena estaba ahí de todas maneras, operando desde el inconsciente a través de la «sensación de asco» que ella sentía hacia su propio cuerpo y todo lo que ello significaba: rechazo, descuido y angustia.

Mandatos

El descuido o maltrato no siempre es tan grave ni socialmente repudiado. A veces puede ser muy sutil, e incluso venir en un formato de legalidad. Así sucede muchas veces cuando sobreexigimos a nuestros hijos «para su bien». Si el niño trae consigo una especial sensibilidad a la autoexigencia, puede suceder que esta lo lleve al fracaso o peor: a la infelicidad.

El Dr. Miguel Ruiz, en su libro Los Cuatro Acuerdos, nos dice:

Domesticamos a los niños de la misma manera que domesticamos a un perro, lo castigamos y lo recompensamos. Adiestramos a nuestros niños, a quienes tanto queremos, de la misma forma en que adiestramos a cualquier animal domestico: con un sistema de premios y castigos. Nos decían: «Eres un niño bueno» o «Eres una niña buena», cuando hacíamos lo que mamá y papá querían que hiciéramos. Cuando no lo hacíamos, éramos «una niña mala» o un «niño malo».

(...) Nos castigaban y premiaban muchas veces al día. Pronto empezamos a tener miedo de ser castigados y también de no recibir la recompensa, es decir, la atención de nuestros padres o de otras personas como hermanos, profesores y amigos. Con el tiempo desarrollamos la necesidad de captar la atención de los demás para conseguir nuestra recompensa.

(...) Debido a ese miedo a ser castigados, y a no recibir la recompensa, empezamos a fingir que éramos lo que no éramos, con el único fin de complacer a los demás, de ser lo bastante bueno para otras personas. (...) Al final, acabamos siendo alguien que no éramos. Nos convertimos en una copia de las creencias de mamá, las creencias de papá, las creencias de la sociedad y las creencias de la religión.

En el proceso de domesticación, perdimos todas nuestras tendencias naturales.

(...) La domesticación es tan poderosa que, en un determinado momento de nuestra vida, ya no necesitamos que nadie nos domestique. (...) Estamos tan bien entrenados que somos nuestro propio domador. (...) Nos castigamos a nosotros mismos cuando no seguimos las reglas de nuestro sistema de creencias; nos premiamos cuando somos «un niño bueno» o «una niña buena».

Nuestro sistema de creencias es como el Libro de la Ley que gobierna nuestra mente. No es cuestionable; cualquier cosa que esté en ese Libro de la Ley es nuestra verdad. Basamos todos nuestros juicios en él, aun cuando vayan en contra de nuestra propia naturaleza interior.

(...) El juez interior utiliza lo que está en nuestro Libro de la Ley para juzgar todo lo que hacemos y dejamos de hacer, todo lo que pensamos y no pensamos, todo lo que sentimos y no sentimos. Cada vez que hacemos algo que va contra el Libro de la Ley, el Juez dice que somos culpables, que necesitamos un castigo, que debemos sentirnos avergonzados. Esto ocurre muchas veces al día, día tras día, durante todos los años de nuestra vida.

En la infancia, muchas cosas que nos dicen nuestros padres acerca de nosotros mismos nos las creemos, por provenir de quienes se supone que son los que saben; y quedan luego a nivel inconsciente como mandato. Cuando en la vida cotidiana lo repetimos, lo reafirmamos. Al igual que Luna, nos decimos:

No me puedo equivocar

Viene a verme Luna, una mujer que ya formó su propia familia, pero que se siente muy angustiada, sin tener grandes motivos que lo justifiquen. En la regresión revive una experiencia de su infancia:

—Estoy muy triste.

—*¿A qué se debe que estés muy triste?*

—Es un cumpleaños mío y todos juegan y yo no… —Lo dice con voz muy triste.

—*¿A qué se debe que no juegues?*

—Tengo miedo de hacer las cosas mal…

—*¿Qué puedes hacer mal?*

—Los juegos…

—*Cuando cuente tres, vas a ir a la experiencia donde más intensamente sentiste todo esto. Uno, dos, tres. ¿Qué estás experimentando?*

—Tengo que ser perfecta.

—*¿Quién dice que tienes que ser perfecta?*

—Mi mamá… no me puedo equivocar, tengo que hacer todo bien, un nueve no vale, vale un diez… Solo me da responsabilidad, me da mucha inseguridad, porque yo no sé cómo tengo que hacer las cosas y ella tampoco me lo dice… Entonces, como no sé, las voy a hacer mal y no voy a poder cumplir con ella y si no cumplo se va a enojar y me va a regañar.

—*¿Qué te dice?*

Que lo hago todo mal. Que cómo puede ser que haga las cosas mal si soy muy inteligente, si yo sé cómo las tengo que hacer y cómo me tengo que portar. Tengo toda la presión encima.

—*¿Dónde sientes la presión?*

—En el pecho.

—*Empieza a sacarla. Entrégala, afloja... ¿qué le quieres decir a tu madre?*

—Que yo tengo que aprender y que no puedo ser perfecta... Y que no me mande más. Y que me deje hacer lo que yo quiera...

—*¿Qué te dice?*

—Me dice que tengo que hacer lo que ella dice, que lo que ella dice está bien, que «tienes que estudiar, tienes que ser alguien... no puedes cometer errores»... me manda.

—*Esto de «no puedes cometer errores», ¿de qué manera está afectando tu vida como Luna? ¿Qué te hace hacer?*

—Hacerlo todo con inseguridad.

—*¿Y qué te impide hacer?*

—Cuando cometo un error, me arruina el día, no me puedo permitir hacer nada mal. No puedo tener la libertad de hacer lo que quiera, no puedo decidir...

—*¿Qué no puedes hacer que te gustaría hacer?*

—Me gustaría ser una chica alegre, sentirme feliz y sentirme segura. Siempre es más importante lo del otro, lo mío puede esperar y no me deja desarrollarme... Siempre con culpa, todo lo que me gusta lo hago con culpa, no puedo disfrutar, no puedo disfrutar de nada...

Actitudes que llevan a un resultado opuesto al que desearía toda madre, todo padre... ¡pero no somos perfectos! El problema aparece cuando creemos que sí lo somos. ¿Qué hay que hacer entonces para ayudar a nuestros hijos y no cometer tantos errores? Crecer en sabiduría, sanar nuestros dolores del pasado, evolucionar, para no traicionar con nuestra mediocridad a las almas que vienen a la vida a través nuestro.

Violencia en casa

¿Y si el dolor causado por los padres nos persigue por más de una vida? No solo la violencia, el abandono o el maltrato ejercido directamente sobre el niño lo inundan de dolor y pena, también sufre cuando quienes él ama y necesita se lastiman entre ellos.

Mi papá golpea a mi mamá

Juan viene a verme porque no puede dominar sus impulsos violentos y por su tendencia a «escapar de las situaciones».

—*Cuando cuente tres, vas a ir a la experiencia responsable de la violencia que no puedes controlar. Uno, dos, tres. Estás ahí, ¿qué estás experimentando?*

—Soy pequeño… en otra vida, en otra casa… Mi papá golpea a mi mamá y sufro mucho, tengo un sentimiento especial con ella y sufro mucho.

—*¿Qué sientes? ¿Qué edad tienes?*

—Soy pequeño, lloro… No sé qué hacer, quiero que mi madre salga corriendo y no la golpeen y no sé qué hacer, no reacciono, no puedo ni decir palabra. Estoy mudo y llorando y mirando, y no sé para dónde salir… Trato de que ese momento termine, que se acabe… No puedo, es lo más feo que puedo sentir porque no puedo hacer nada. Me duele mucho, es terrible, no sé qué hacer para que termine. Cuando termina, mi padre se va. Yo le pregunto a mi madre por qué no se va y no se defiende, y sufre llorando toda golpeada… y dice que como ella es mujer, es así, no hay otra forma. Yo le digo: «¿Por qué no te escapas?». Ella dice que es lo que le toca a ella, tiene que obedecer, y si él no está contento la tiene que golpear. Me duele mucho.

—*¿Qué le hace ese dolor a tu cuerpo?*

—Tieso, congelado, sin moverme… Pero se transforma en odio a las reglas y a la violencia. Me da miedo transformarme en eso mismo y me vienen imágenes de más adelante, y me veo pegando, y me da mucho asco y quiero salir, me doy rabia a mí mismo. No puedo repetir lo mismo que hacía mi padre.

—*De todo esto, ¿cuál es el momento más terrible?*

—Veo cuando soy pequeño que mi padre pega y le escupe a mi madre, y yo solo los miro, soy hijo único, porque ella no puede tener más por los golpes. Todos los días se vive esto y la maltrata, la insulta, trata mejor a los animales que a ella, no lo puedo concebir. Y lo peor es cuando me veo a mí igual...

—*Cuando cuente tres, vas a ir a esa experiencia en que te ves igual. Uno, dos, tres...*

—Estoy con mi mujer, le pego un cachetazo y, cuando me veo, entonces, le digo que se vaya porque la voy a matar. Siento miedo y alivio, porque siento que me liberé de la violencia que me sigue desde pequeño. Tengo miedo porque me quedo solo, pero el peor miedo, el de ser violento, se fue. Al estar solo y no tener descendencia voy a tener momentos en que me enferme y no pueda hacer las cosas, y voy a tener que tomar la decisión de matarme. Pero por un lado estoy contento, porque pude despegarme de la violencia y no sufrí más. Estoy solo, enojado con todos los seres humanos. Solo me relaciono con el trabajo, que es mi vida... con mi manera de subsistir... Pero sé que tiene un final y yo lo elegí por anticipado. Al sacar esa violencia y desprenderme de eso, sabía que iba a ser feliz hasta un momento. Es como si hubiese hecho un trato: me despojé de la violencia de los seres humanos, pero vendí mi muerte, sabía que iba a terminar determinando yo cuándo me muero... Decido por mí mismo cómo quiero vivir y qué quiero hacer... pero tuve que empeñar algo: mi muerte.

—*¿Qué hiciste?*

—Cuando eché a mi mujer tomé la decisión de que no iba a tener familia y de que habría un momento en que tendría que decidir que me tenía que ir.

—*Cuando cuente tres, vas a ir a la primera vez en que tuviste esas sensaciones. Uno… retrocediendo en el tiempo. Dos… más y más atrás, a la primera vez que lo sentiste. Tres, estás ahí. ¿Qué estás experimentando?*

—En un campo verde. Hace sol y estoy trabajando en mi rutina… levanto fardos, pero estoy cansado. Viene una persona y me dice que estoy enfermo y que va a ser progresivo, que me queda poco tiempo. No es un médico, es como un curandero.

—*¿Qué época es?*

—No hay maquinaria, es el campo, no veo asfalto… casa de madera, todo de madera, no hay piedras.

—*Cuando cuente tres, vas a ir al comienzo de esa experiencia. Uno, dos… Sigue retrocediendo más y más…*

—Me estoy despertando con pocas ganas, pero tengo que levantarme a trabajar, vivo solo… Tengo treinta y pico, no tengo mucha noción. Soy joven pero no tanto, no me da el cuerpo; quiero pero no puedo, me quiero quedar en la cama y dormirme. Quiero levantarme, pero el cuerpo me pide quedarse. Me levanto, pero con un esfuerzo terrible. Siento esa ansiedad de querer verlo todo resuelto sin tener que hacerlo. Sufro mucho y tengo miedo… Si yo no lo hago no lo va a hacer nadie porque estoy solo. Entonces tengo miedo y me dicen que tengo poco tiempo de vida. Si no puedo trabajar y hacer mis cosas, ¿cómo lo haré para comer? Tengo que tomar una decisión: no sé si seguir o ver la forma de matarme. No sé si recorrer el camino o matarme, ¿qué voy a hacer cuando no pueda más? En realidad ya no puedo más. Mi cuerpo está débil y con miedo, tiemblo, estoy nervioso, angustiado y tenso. Estoy confundido, quiero salir, entonces quiero buscar un final porque, dentro de poco, voy a sufrir mucho y no quiero pasar por ese sufrimiento… Hasta que me encontré con el brujo, pasó poco tiempo… una semana, y hasta que me maté, también, una semana.

—*Ahora vas a ir al momento de tu muerte en esa vida. Uno, dos, tres… estás ahí, ¿qué estás experimentando?*

—Me despierto como todos los días, habiendo tomado una decisión la noche anterior: «Si mañana me levanto, lo voy a hacer». Entonces me levanto con miedo, triste, pero siento también que estoy conforme. Me levanto, me visto, me despido de animales, plantas, campo, de todo lo que tengo. Agarro una soga, la ato a un palo, me subo como a una silla o caja de madera y la pateo y me cuelgo y empiezo a ahogarme... No puedo respirar, pero no peleo... trato de dejarme ir y es muy feo.

—*¿Qué sientes?*

—Desesperación, trato de descolgarme, pero no puedo. Los músculos toman una fuerza que no tenía. —Tose—. Me dejo caer y espero... y espero... y en un momento siento una cosquilla y ya no me ahogo... Me voy yendo y me veo... veo mi cuerpo colgado y ya no soy yo. No estoy en el cuerpo, lo veo en el suelo, pálido azulado, siento que ese cuerpo no me pertenece. Lo miro y no entiendo qué debo hacer ahora... «Bueno, ya me morí, ¿qué hago?». Y entonces veo una luz muy fuerte, como del sol, que se potencia y me acerco... y voy yendo... pero tengo sentimientos, me arrepiento de las decisiones que tomé. Siempre fui muy necio, y por primera vez me parece que no vale la pena... Me voy pensando que ya está, que no puedo volver atrás, pero que tendría que haberlo tenido en cuenta antes. Con cada decisión tratar de hacer un esfuerzo más... y decidir otra cosa. Me encerré, decidí algo: morirme, era esa decisión... Agarrar la primera soga y no replantearme... si podría haber vuelto atrás. ¡Fui muy impulsivo y orgulloso, y no puedo volver atrás! Me daba miedo tomar la decisión de matarme, porque sabía que verdaderamente no iba a poder volver atrás. Y cuando me veo colgado, muerto, veo que sí podría haber cambiado, podría haber hecho otra cosa... tomado otra decisión... Ahora, muerto, tengo que hacer un esfuerzo mucho más terrible que lo anterior.

—*¿Dónde haces el esfuerzo?*

—Yendo a esa luz... No sé dónde lo voy a hacer... Pero en algún momento sí lo voy a tener que hacer (el esfuerzo mayor, por haber «escapado» en esa vida en lugar de haber hecho el esfuerzo de seguir hasta el final). Creo que ahora tengo que aprender a «no hacer lo fácil»: es lo que tengo que hacer en esta vida.

—*Saca tu energía de ese cuerpo, despréndete definitivamente. Ahora busca ese rayo de luz, que es un portal interdimensional que une el cielo con la tierra, donde van las almas para seguir su evolución, y despréndete definitivamente de esas experiencias. Sigue la Luz y avísame cuando hayas llegado...*

—Me voy a un lugar blanco, iluminado, calentito...

—*¿Se acerca alguien?*

—Están mis padres esperándome, contentos, orgullosos del sentimiento que tenía en ese momento. Contentos porque, más allá de todo, les enseñé algo y me lo agradecen.

—*¿Necesitas saber algo más?*

—Que rápidamente «iba a bajar» (a reencarnar como Juan), para enmendar el suicidio.

—*¿Tienes que vivir alguna experiencia en especial para enmendarlo?*

—Tratar de vencer la ansiedad, sentirme cómodo en cada pasito, aprovecharlo todo, tratar de no protegerme, no refugiarme solo y de expandir lo que pienso para que no vuelva a pasar. Sé que hubo otras vidas en el medio, pero no puedo medirlo cronológicamente... Sé que son experiencias en las que una sigue de la otra, es como si hubiera un rollo más largo.

—*En esas vidas, ¿ibas a aprender esto u otra cosa?*

—Distintas experiencias. En esta vida tengo una misión, que es la de expandir el amor, erradicar la violencia, aprender que desde el amor, cariño y risa, se logra mucho más que con la violencia que destruye. Y también de tratar de vivir el momento, nada más, ya está.

—*Para armonizarte elige un color...*

—Amarillo brillante tirando a blanco, el color de la Luz...

¿Cómo y cuándo comenzó la guerra de los padres entre sí? ¡Difícil de comprender tanto odio entre dos personas que se eligieron libremente en nombre del amor!

Desde que encarnamos en este mundo, la violencia se nos presenta de infinitas maneras. Parece como si la lucha, las enfermedades o la guerra de unos contra otros fueran connaturales a la materia. Quizás por nuestras limitaciones, nuestra ignorancia o lo que fuere, en nuestro ADN están los genes violentos de la especie. Siguiendo el pensamiento del karma, hasta que no aprendamos, hasta que no sanemos nuestra alma de los rencores y de nuestra propia tendencia a la agresión, hasta que no perdonemos sinceramente todas las ofensas que nos han tocado y nos afligen, seguiremos repitiendo todo tipo de violencias, de antagonismos, de enfrentamientos.

El caso de la violencia contra la mujer es paradigmático, recorre todos los tiempos y parece no tener fin. ¿Cómo comenzó esta guerra? ¿Habrá tenido su origen en las religiones que dividieron a la mujer entre Virgen Inmaculada o aliada de la serpiente, culpable de engañar al hombre inocente y responsable por la pérdida del Paraíso y los males que aquejan a la humanidad, condenándola así a ceñirse a un rol o al otro, sin que encajara en ninguno? ¿O habrán sido ellas quienes comenzaron la guerra? Ya vimos en el capítulo anterior que las míticas amazonas pueden haber existido realmente.

Escuché decir a Kristos Tsompanelis, en un workshop, que las amazonas eran de la zona de Arabia Saudita, en épocas en que aquel territorio era una selva… A juzgar por cómo son tratadas las mujeres allí todavía, podemos preguntarnos: ¿casualidad o causalidad?, ¿desprecio o venganza?, ¿poder o miedo?

Pero no nos apresuremos a culpar a las mujeres de esta guerra sin cuartel, donde los rehenes son los hijos, ya que la historia de la humanidad no comenzó con las amazonas… ¿Quién puede saber qué vino primero? Tal vez seguiremos así hasta que aprendamos a reconciliar la energía femenina y masculina dentro de cada uno de nosotros, experimentando algunas vidas como mujeres y otras vidas como varones.

En la actualidad, creo que incluso hablar de «violencia de género» va quedando obsoleto, ya que lo que se vive es solo VIOLENCIA, así, con mayúscula. Generalizada, y caótica.

Desde la época de las cavernas

Fabiana me cuenta que necesita hacer una regresión para sanar su falta de confianza, pero no en sí misma, sino más bien, en los demás:

—Me cuesta confiar en otro, sentirme querida por otro. Tengo la sensación de falta de apoyo, de hacerme cargo de todo yo sola.

Le digo que se recueste cómoda, cierre los ojos y ponga su atención en la respiración mientras escucha el vibrar de los cuencos. Así va entrando en estados de silencio más profundos, en esos estados donde el alma se puede escuchar, donde accedemos fácilmente al inconsciente, donde están los recuerdos de las experiencias responsables de nuestros síntomas… Le digo, como hago al comienzo de toda regresión, que se envuelva en una luz protectora que viene del universo, de la fuente divina de Dios Madre-Padre, para que su alma pueda hacer con toda seguridad y confianza, el trabajo de sanación que necesita hacer hoy aquí. Le digo que imagine descender por una escalera de luz mientras cuento del diez al uno, y que mientras descienda va a ir entrando en estados más profundos, y yendo más y más atrás en el tiempo a la experiencia responsable de sentir que le cuesta confiar en otro, de sentirse querida, de falta de apoyo:

—Mi sensación es la de estar en brazos de una enfermera que me está mirando y de no estar contenida, cuidada. Me está cuidando como si fuera un paquete, no con esa sensación de amor, de contención, de amor incondicional. Es ahora, en esta vida…

—*Cuando cuente tres, vas a ir más atrás, a la primera vez dónde sentiste esas sensaciones o similares. Uno, dos, tres. Estás ahí. ¿Qué estás experimentando?*

—Tengo la imagen de un niño en posición fetal dentro de una cueva. Está desnutrido.

—*Sigue avanzando, ¿qué más estás experimentando, qué le está sucediendo a ese niño?*

—Está abandonado, se está muriendo. Yo soy ese niño...

—*Lentamente vas a ir al comienzo de esa experiencia antes de que te abandonen. Uno, dos, tres. Estás ahí, ¿qué estás experimentando?*

—Hay gente que entra y sale de la cueva, con prisas, de un lado para otro. Es como si yo no existiera, no me hacen caso. Hay un movimiento... como si fueran a algún lado.

—*¿Cómo es la gente que entra y sale de la cueva?*

—Es una tribu o pueblo de la prehistoria. Viven en cuevas y se visten con pieles.

—*¿Sabes dónde van tan apresurados?*

—Probablemente a buscar comida o a otro lado, o se cambian de lugar. Y a mí me da la sensación de que estoy tan débil que no me van a llevar, me van a dejar ahí. A nadie le importo mucho, hay movimiento de gente que está organizando sus cosas. Yo estoy en un rincón, sola, mirando... Tampoco tengo ganas de irme, no hay solución, estoy como entregada.

—*Cuando cuente tres, vas a ir al comienzo de toda esa experiencia donde te sientes sola, entregada, que te van a dejar, que no hay solución... Uno, dos...*

—No estoy protegida, no tengo esperanza de que a nadie le importe, se llevan sus cosas y me dejan ahí. Me siento sola, me dan ganas de morirme, es mejor que me muera. Mejor morirme, total, a nadie le importo. Estoy sola, voy a estar bien si me muero.

—*¿Sabes a qué se debe que te dejen sola?*

—Porque no me hacen caso, me ven débil, sin futuro, creen que no voy a aguantar... Es una vida muy dura, no tiene sentido tomarse el trabajo de cuidarme. No hay cariño, no hay nadie a quien le importe, van y vienen y me muero.

—*¿Qué edad tienes?*

—Seis años.

—*¿Dónde está tu madre?*

—Está por ahí, pasa caminando, es gorda y colorada, va y viene, pero no me hace caso, ni tampoco tengo mucha esperanza de que me lo haga. Me quedo ahí, me hago un ovillo así —se coloca en posición fetal—, me tapo con una piel, tengo frío y me entrego a morirme.

—*Cuando cuente tres, vas a ir al comienzo de esa experiencia cuándo tienes frío y empiezas a debilitarte. Uno, dos, tres...*

—Soy muy pequeña y flaquita, no me dan mucho de comer, van para un lado y para otro. Hay otros chicos más fuertes que yo, como menos y voy perdiendo fuerza. Tengo la sensación de mucho frío y de falta de fuerza en el cuerpo.

—*¿Sabes a qué se debe que no te den mucho de comer? ¿Naciste con esa debilidad o hay alguna otra cosa?*

—Soy un poco menos fuerte que los otros, ellos comían más, yo no tengo fallas en el cuerpo, ni nada en especial, los demás tenían mejores condiciones de vida y los cuidaban más.

—*Siente profundamente eso... que eres tan pequeña, estás débil. ¿Puedes ver a tu madre?, ¿te gustaría decirle algo?, ¿necesitarías algo de ella?*

—La veo por ahí, tiene otro bebé y a mí no me presta atención, soy un caso medio perdido y no le importo demasiado.

—*¿Qué sientes cuando no le importas a tu madre?*

—Que estoy muy sola, no me siento cerca de ella, tampoco tengo ninguna esperanza de que me vaya a querer, estoy sola.

—*¿Hay algún niño que esté tan débil como tú o eres la única?*

—Soy la única cerca, hay mayores, bebés... Pero la única sin su madre soy yo.

—*Sigue avanzando, ¿qué más estás experimentando?, ¿qué más va sucediendo?*

—No me cuesta soportar el frío con la mantita y me quedo ahí, siento que se van yendo todos, ni me miran. Es como si estuviera muerta o a punto de morirme.

—*¿Sabes si estás viva o muerta?*

—Viva. Tengo la sensación de que me voy a morir, pero no me importa mucho. Total ¡¿qué importa si estoy viva o muerta si no me quieren?!

—*De toda esta experiencia, ¿cuál es el momento más terrible?*

—Cuando los miro y veo que no les importo nada.

—*Cuando los miras y ves que no les importas nada, ¿cuáles son tus reacciones físicas?*

—Encogerme y hacerme un ovillo.

—*Cuando te encoges y te haces un ovillo, ¿cuáles son tus reacciones emocionales?*

—Me tranquilizo un poco, pero me siento muy sola, se me hace un gran hueco.

—*Cuando te sientes sola y sientes un gran hueco, ¿cuáles son tus reacciones mentales?*

—Que no vale la pena.

—*Quiero que veas ahora de qué manera todo esto está afectando tu vida como Fabiana, esto de: «no vale la pena, me siento sola, se me hace un gran hueco, me encojo... ». ¿Qué te hace hacer?*

—Tengo la sensación de ser solo una cáscara que utilizo como defensa para seguir viviendo en los momentos en que conecto con eso de que «no les importo». Lo siento de nuevo: que no me quieren, siento ese hueco como si estuviera sola. Hay momentos en los que voy haciendo y estoy más o menos bien, pero cuando me conecto con esa sensación de «no me quieren», quedo de nuevo con una desprotección total y siento que no me importa nada seguir viva o muerta.

—*¿Y qué te impide hacer?*

—Sentirme confiada en los demás, sentir que me quieren, entregarme, abrirme...

—*Entonces, para sacar todo esto, a la de tres, vas a ir al momento donde «miras y no les importas nada», y vas a hacer todo lo que tu alma necesita hacer para sanar definitivamente todo eso. Uno, dos, tres. ¿Qué estás experimentando?*

—Sensación de que no me miran.

—*¿Qué sientes cuando no te miran?*

—Mucha tristeza… Se van todos, me quedo ahí, tengo tanto frío y tanta tristeza que no me muevo de ahí.

—*Siente ese frío, esa tristeza, ¿en qué parte del cuerpo la sientes?*

—En la espalda.

—*Siente como se van, ¿los ves partir?, ¿alguien te dice algo o te mira?*

—No, se van yendo uno tras de otro, con prisas. Tengo frío, siento frío en la espalda, en los brazos y los pies, y me quedo ahí esperando morir.

—*Eso es, sigue…*

—Veo colores dibujados, me viene la imagen de lo bonito que sería que fuera distinto. Tengo ganas de dormir y de irme.

—*¿Necesitas hacer o decir algo?, ¿hablar con alguien? ¿Qué te hubiera gustado hacer y no pudiste en ese momento? Tal vez quieras decirle algo a la gente que se fue, a tu madre…*

—Me hubiera gustado que me quisieran, que me cuidaran, importarles…

—*¿Quieres decirle todo eso a tu madre? Díselo.*

—No le va a importar. No tiene sentido hablarle, no le importa, no le importa nada de mí.

—*El sentido no es lo que le importe a ella en esa vida, sino lo que tú necesitas hacer y decir ahora para sentirte bien, para sacar todas esas sensaciones de tu cuerpo y de tu alma. Llama a su alma, al alma de quien fue tu madre en esa vida y pídele que te devuelva toda tu energía, toda la energía que te sacó por no haberte cuidado y protegido…* —Toco la campanita para llamarla.

—Me gustaría que hubiera sido distinto, que me cuidarais, sentirme contenida por mi familia, por todos, haber sido importante para vosotros, que me hubieseis visto, haber existido, que no hubiera enfermado, que no me hubiera debilitado.

—*¿Necesitarías recuperar tu energía? Pídele que te la devuelvan...*

—No, necesitaría que alguien de los que está ahí me cuidara o le importara.

—*¿Puedes imaginarte que alguna de esas personas te cuida?*

—Sí, puede ser mi tía, que vuelve para atrás y me cuida un poquito.

—*Yo te voy a envolver con una manta, vas a sentir cómo te abrazan y te quieren, vas a sentir la energía de ese abrazo, la protección. La vas a sentir como no la sentiste en ese momento. Te protegen, no estás sola, te están cuidando, ya no tienes más frío, te quieren, te acarician, te protegen, están a tu lado para que ya no estés triste y estés contenida. Estás bien, siente esa protección, ese abrazo...*

—¡Sí!

La envuelvo con una manta, la acaricio, la abrazo. Si bien el pasado no se puede cambiar, sí podemos cambiar el registro psíquico y emocional de esa experiencia para sanarla y aliviar así sus síntomas de su vida actual.

—*Llora, descarga todo eso, puedes relajarte ahora, ya no tienes que ser fuerte. Estás contenida, protegida, con calor. Siente que te quieren mucho, siente todo eso, siente todo el calor que te envuelve...*

—Sí...

—*Para terminar de desprenderte de todo esto definitivamente, cuando cuente tres, vas a ir al momento de la muerte de tu cuerpo en esa vida. Uno... lentamente... dos, tres... estás ahí.*

—Tengo la cabeza contra la piedra. Lo veo todo, cada vez siento menos calor y más frío. Paso días ahí, me quedo dormida, estoy hambrienta... Estoy tranquila, me muero y me entrego a la tierra. Estoy seca, deshidratada, como si fuera un cartoncito sobre la piedra. No sé donde termina la piedra y dónde empieza el cuerpo, es todo lo mismo, duro, todo seco.

—*Cuando tu cuerpo está todo duro, todo seco, ¿está vivo o está muerto?*

—Debe de estar muerto.

—*¿Tu corazón late?*

—No. Como a un metro de mí veo el cuerpo todo arrugadito en el suelo.

—*¿Qué sientes cuando ves el cuerpo ahí?*

—¡Ay, qué suerte que se murió!

—*Esto de: «Ay, qué suerte que se murió», ¿qué te hace hacer en tu vida como Fabiana?*

—Querer escaparme de las situaciones cuando estoy triste.

—*¿Y qué te impide hacer?*

—Avanzar, enfrentar los problemas, conectarme con la gente que me quiere.

—*Sé consciente de ello… Y, ahora, para desprenderte definitivamente de todo esto, quiero que al observar tu cuerpo seas consciente de que ese cuerpo ya murió, no te pertenece. Saca toda tu energía de ese cuerpo y esa vida para ir a la Luz. ¿Puedes hacerlo?*

—Sí… ya salí… veo la Luz.

—*Antes de irte, vas a decirle a tu madre que te devuelva toda la energía que te quitó consciente o inconscientemente. Seguramente era una costumbre cultural hacer eso y no lo hizo con intención, pero te la quitó igual y la necesitas, así que dile a tu madre que te devuelva la energía…* —Llamamos a su alma con la campana.

—Mamá, devuélveme toda la energía que me quitaste por no haberme cuidado y haberme dejado ahí. ¡Devuélveme toda la energía! Devuélveme toda la energía que me quitaste por no haberme cuidado como yo hubiera necesitado, por no darme la atención y el amor que yo necesitaba para crecer, por haberme dejado ahí.

—*¿Te la está devolviendo?*

—Sí, pero es como si allí fuera normal abandonar a un niño que se estaba muriendo…

—*¿Qué más necesitas?*

—Que el grupo me devuelva ese calor, esa cosa, esa energía que me quitaron.

—*Pídele a todo el grupo, a toda esa tribu que venía contigo, pídeles que te devuelvan toda la energía que te quitaron. Todo ese grupo, todo ese pueblo, que no te cuidó, que te dejó sola, píedselo. Estira las manos, pon las palmas hacia arriba para recibir la energía.*

—Devolvedme toda la energía que me quitasteis, que no me disteis. Que yo necesitaba y nadie me dio. Toda la protección y el cariño que no me disteis, ¡Devolvédmelos!

—*¿Te la devolvieron?*

—Sí, la agarro.

—*Ahora, vas a llevar toda tu energía y tu alma a la Luz y me vas a avisar cuando hayas llegado.*

—Sí, me acuesto y me recuesto en esa especie de nube que me lleva agradablemente, descanso ahí. No tengo ganas de pensar en nada más, tengo ganas de descansar. Estoy muy cansada.

—*Siente, disfruta la Luz… Mira si te encuentras con alguien que te recibe, algún Maestro que te quiera decir algo…*

—Estoy bien, tranquila. Cada vez hay más gente, hay otros, estoy bien aquí. No veo a ningún Maestro, pero me siento acompañada, no me siento sola como cuando estaba en esa vida.

—*¿Qué sientes cuando te sientes acompañada?*

—Que estoy bien ahí, que puedo descansar tranquila.

—*Elige un color para envolverte, ¿qué color escoges?*

—Blanco.

—*Siente cómo la vibración del color blanco envuelve cada parte de tu cuerpo, sanando, limpiando, purificando todo tu ser. La vibración del color blanco va apagando las sensaciones y emociones, borrando las imágenes del pasado, desprendiéndote definitivamente de todo eso, y trayendo una nueva vibración a tu vida. Vas a crear una imagen de cómo quieres verte de ahora en adelante, atrayendo esto del Universo para que se transforme en realidad todo lo que quieres en tu vida ahora, siendo así cocreadora de tu propia realidad…*

Cuando Fabiana regresa a su «conciencia física habitual» se siente mucho más tranquila y relajada, más confiada. Y, unos días después, cuenta que ya no se siente tan desprotegida, que se anima a entregarse más a los demás y está más abierta a sentir el amor de sus seres queridos.

4

¿Podemos reencarnar como animales?

«En tanto que si los seres humanos pueden renacer, literalmente, como gatos, caballos, incluso peces, moscas, es una cuestión discutible en los diferentes círculos budistas; el Buda parece haber enseñado que esto es posible... ».

ALEX KENNEDY

Las teorías sobre la reencarnación de las religiones y filosofías orientales, como el hinduismo y el budismo, en general aceptan la idea de que el alma, para experimentar y aprender, pasa por «todas las formas de existencia» y entre estas se encuentra «la experiencia de ser animales».

Se considera que comenzamos nuestro ciclo de reencarnaciones en el planeta Tierra, desde las formas más simples a las más evolucionadas; o sea, encarnamos primero dentro del reino mineral, luego en el vegetal y más adelante en el animal, para luego tener el privilegio de gozar de un cuerpo y una consciencia humanas.

Varios terapeutas que trabajamos con regresiones nos encontramos con experiencias en las que el paciente revive vidas en las que se percibe como un animal. Al comienzo este puede sentirse extrañado, ya que le está sucediendo algo que no se esperaba, pero la realidad «de lo que siente» se impone y en seguida comienza a relatar su experiencia de una forma muy natural.

¿Es esto posible? ¿Es realmente posible que hayamos sido animales en otra vida? Las teorías orientales sobre la reencarnación dicen que sí, es parte de la evolución. Pero ¿podría implicar eso que, tal vez, podamos «volver a serlo una vez alcanzado el nivel humano»? Solo os relataré lo que observé en mi experiencia con las regresiones: la reencarnación en un animal parece ser solo una vivencia más, ni superior ni inferior a la que se produce en un humano. Pero no aseguro nada.

En mi experiencia con reencarnación como animales, me he encontrado con que las regresiones en que la persona «experimenta una vida como animal» son verdaderamente escasas y, a veces, el momento histórico en que se desarrollan podría sugerir que son «vidas intercaladas con vidas humanas».

Pude percibir esto con mayor claridad en una regresión en la que Lucas revivió una vida pasada en el año 1700 y, al «elevarse su alma a la Luz cuando muere su cuerpo», dijo que «le gustaría quedarse ahí, pero tiene que volver a la tierra a vivir una vida como perro». Y al «bajar a la Tierra» nuevamente, se encontró en el mismo lugar y casi la misma época histórica que en su vida anterior.

Más difícil es poder entender la razón por la cual esas personas, después de haber sido humanos, experimentaron vidas de animales. No podría afirmar haber encontrado evidencia de que ese cambio haya sido involutivo. No he vislumbrado siquiera la razón o «la impresión» que provoque un cambio tan radical como para pasar de ser humano a animal y luego a humano nuevamente.

Una experiencia personal

En una regresión que experimenté durante mi curso de formación como Terapeuta de Vidas Pasadas, estaba reviviendo una vida en los primeros años del cristianismo en Roma como un anciano de barba blanca que proclamaba por los pueblos la palabra —creo yo— de Jesús (solo distinguía que era sobre el amor), al que los soldados romanos iban a buscar a una plaza, donde «hablaba con la gente», y llevaban al Coliseo para ser comido por los leones.

Me veo en la arena junto a otros mártires... Sueltan los leones... uno me sigue... corro... me salta encima, llego a mirarlo de frente... el tiempo se detiene... lo miro a los ojos... y el león me devora de un zarpazo.

A los pocos días, recordé lo sucedido en otra regresión donde yo me percibí «siendo un león». No fue fácil darme cuenta de lo que me estaba sucediendo (es muy raro sentirse un animal y no es lo que uno espera normalmente al hacer una regresión). Estaba explorando una vida como «un príncipe en la Edad Media» que era envenenado por una bruja, a quien yo había acudido pidiendo ayuda para que una princesa que yo amaba se enamorara de mí. Tomé veneno creyendo que era una poción para el amor. Tuve que pedir perdón a la Luz por haber acudido a quien trabajaba para la oscuridad. Y, en un momento dado, mi alma «saltó a otra vida» —lo que es muy habitual en las regresiones, donde las imágenes a veces cambian como en los sueños—, y comencé a sentir y a moverme como... ¡un león que estaba en el circo romano comiéndose a los cristianos! Realmente «me sentí un león», y poco me faltó para empezar a rugir... Incluso me levanté y empecé a moverme como un león. Sentí ese león en mi cuerpo, que atacaba sin maldad, sin conciencia, solo siguiendo su instinto.

Leyendo estas líneas de Ravi Shankar, recordé al mártir cuya última impresión fue «la mirada del león.»: «Si, en el último momento de su vida, alguien piensa en un animal, podría nacer así. Esto ocurre porque la última impresión en la mente es la más fuerte y produce tal circunstancia para que la mente tome ese próximo cuerpo».

Vidas pasadas y animales

Cuando una persona que está haciendo una regresión me relata que está reviviendo una vida como animal, simplemente continúo como en cualquier otra regresión, no hay diferencia. Para el alma, es solo una experiencia más.

Una ballena atrapada

Amalia desea hacer una regresión porque le preocupa su «tendencia a huir de las relaciones con amigos y parejas», lo cual termina con que siempre se queda sola en su casa. Veamos qué sucede cuando ella entra en regresión:

—*¿Qué sientes cuando te invitan a salir?*

—Siento como una piedra en la garganta y una mochila en la espalda. Como si me atragantara y tuviera agujas en la espalda...

—*Cuando cuente tres, vas a ir a esa experiencia donde «tienes la piedra en la garganta y la mochila en la espalda» y vas a decir lo primero que te venga. Uno... avanzando muy lentamente hacia la experiencia, dos ... sigues avanzando más y más. Ya casi estás ahí, y me vas a contar todo lo que estás experimentando. Tres, estás ahí. ¿Qué estás experimentando?*

—Estoy en el río o mar y voy rápido pasando entre montañas. No estoy segura, o estoy en un barco, o es una ballena... o... «soy yo la ballena»... no me doy cuenta.

—*Sigue avanzando, ¿qué más?*

—Por un lado veo un animal y por el otro un barco que va muy rápido, como si fuera un ballenero que «me persigue». Estoy nadando y doy vueltas alrededor del barco, está oscuro... Estoy bajo el agua y es de noche.

—*¿Qué sientes cuando estás ahí?*

—Me gusta el agua, estoy nadando bajo el agua. Hay muchos peces, pero yo no me puedo ver...

—*¿Sabes qué animal eres?*

—Una orca pigmea hembra.

—*Eso es. Sigue, ¿qué sucede?*

—Me está persiguiendo el barco ballenero. Siento miedo.

—*¿Dónde sientes el miedo?*

—En la espalda... en el pecho. Y nado rápido.

—*¿Qué le pasa a la espalda y al pecho?*

—Me pincha, me quieren cazar. Me clavan arpones para cazarme, me pinchan con lanzas.

—*Eso es, sigue avanzando...*

—Me duele, me sale sangre. Creo que me cazan.

—*De toda esa experiencia, ¿cuál es el momento más terrible?*

—Cuando me están persiguiendo.

—*Y cuando te persiguen, ¿cuáles son tus reacciones físicas?*

—Miedo, me duele el pecho, estoy agitada, algo no me deja respirar.

—*Y cuando estás agitada, ¿cuáles son tus reacciones emocionales?*

—¡Me van a agarrar!

—*Y cuando sientes que te van a agarrar, ¿cuáles son tus reacciones mentales?*

—No quiero que me agarren, quiero estar en el agua.

—*¿De qué manera todas esas sensaciones están afectando tu vida como Amalia? ¿Qué te hacen hacer?*

—Me escapo, «no dejo que me agarre nadie...».

—*¿Y qué te impiden hacer?*

—Alejo a la gente, boicoteo relaciones por miedo a que me atrapen.

—*Eso es... Entonces, ahora, cuando cuente tres, vas a volver a instantes antes de que te empiecen a perseguir. Ahora sí vas a permitirte sentir eso más profundamente y a hacer lo que tu alma necesite hacer.*

—Estoy empujando el barco para darle la vuelta, lo quiero volcar, con la nariz y la cara. Le quiero dar la vuelta, pero me hago daño, porque me duele: el barco es duro, y me lastimo toda. Me hago daño en la cabeza y el cuello, prefiero morirme antes que me agarren, me hiero yo sola.

—*Y esto de «prefiero morirme antes que me agarren, me hiero yo sola», ¿qué te hace hacer esto en tu vida como Amalia?*

—No hago nada, me encierro, como si estuviera en el agua tranquila y no dejo que entre nadie.

—*Y eso, ¿qué te impide hacer?*

—No me relaciono con los otros, con la gente. Cada vez me meto más para adentro, antes que me hagan daño me encierro en mí misma. Me desconecto del mundo. No contesto el teléfono, me voy sola. No pido que me ayuden, que me acompañen.

—*Entonces, para salir de ese encierro, cuando cuente tres, vas a volver al momento en que te persiguen. Uno, dos, tres... ¿Qué haces para defenderte?*

—Con la cabeza, como si me diera la cabeza contra el barco. Me pinchan, me clavan cosas.

—*¿Qué le pasa a tu cuerpo cuando tienes cosas clavadas?*

—Se va para abajo.

—*¿Qué le va pasando cuando se va para abajo?*

—Se está muriendo, me voy hundiendo. Me metieron algo en la boca.

—*¿Qué te metieron?*

—Una lanza en la boca, eso es lo que más me duele.

—*¿Qué parte te clavan?*

—En el cuello, por adentro, y me estoy desangrando. No puedo respirar por una mezcla de agua y algo que me pincha... Me estoy muriendo... me va doliendo menos... me siento pesada y me voy hundiendo. Los pececitos me van rodeando, parece que me están acompañando... No respiro, no siento nada, estoy tranquila.

—*Eso es, sigue avanzando... ¿Qué pasa con tu energía?*

—No sé qué pasa, es como si fuera luz, pero son burbujas que van saliendo para arriba... Parece que el alma está saliendo pero con burbujas, hace un tirabuzón de burbujas y va hacia arriba...

—*Saca toda tu energía. ¿Observas tu cuerpo desde algún lugar?*

—Estoy arriba y miro el barco.

—*Sé consciente de que ese cuerpo ya no te pertenece. Quiero que quites toda tu energía de ese cuerpo, que te des cuenta de que ya murió. Antes de ir a la Luz vamos a reparar el cuerpo, a sacar primero lo que te clavaron en la garganta...* —Lo saco con técnicas de extracción chamánicas trabajando sobre el cuerpo energético para repararlo.

—Ya salió.

—*Tomamos hilo de oro y plata del arcángel Miguel y lo cosemos. Ahí está, ya lo he cosido. Siente cómo se repara esa herida, cómo entra luz en esa herida y cómo se repara por dentro y por fuera. Envío luz a esa herida y la reparo. (...) Ahora voy a sacar todos esos arpones que te pusieron y voy a reparar la espalda. (...) Ahora vas a llevar tu alma a la Luz y me vas a avisar cuando hayas llegado. ¿Puedes ir hacia la Luz?*

—Sí, estoy yendo. Hay una luz como una estrella dorada que me indica que la vaya siguiendo.

—*¿Cómo te sientes en la Luz?*

—Bien, un poquito cansada.

—*¿Hay alguien más contigo? ¿Estás sola o estás acompañada?*

—Sigo a alguien a quien le vi la cara, parece un Guía. Me dio tranquilidad, me hizo sentir que estaba bien lo que había hecho.

—*¿A qué crees que se debió que tu alma pasara por esa experiencia?*

—Estoy aprendiendo a hacerme valer, y a no escaparme y esconderme. Voy a tener que aprender a decir lo que me pasa.

—*¿Hay algo más que tu alma te quiera decir?*

—Que confíe...

—*Muy bien. Entonces vas a elegir un color para envolverte.*

—Magenta.

—*Entonces siente el color magenta que te envuelve completamente, envuelve todo tu cuerpo por dentro y por fuera. Siente la vibración del color magenta en todo tu cuerpo, en cada órgano y cada tejido, célula, molécula, cada partícula de tu ser. Siente cómo la vibración del color magenta va quitando cada residuo que haya quedado de esa experiencia... y cuando cuente tres, vas a abrir los ojos y volver a tu consciencia habitual en tu cuerpo como Amalia en este día, sintiéndote tranquila, relajada y envuelta en un profundo bienestar. Uno, dos, tres.*

Al terminar la experiencia, Amalia comenta asombrada: «¡Al principio no me lo creía, no podía ser un pez que me había quedado con rabia por no poder defenderme... y ahora me encerraba por miedo a que me atrapasen!».

No conozco la explicación sobre la reencarnación en animales, solo os cuento mi experiencia con las regresiones... Si os cuesta creer que esto es posible, podéis tomarlo solo como una curiosidad o como la manera que tuvo esa persona para expresar su conflicto y sanarlo. Cuando las experiencias entre una vida humana y otra animal son muy cercanas en el tiempo, el interrogante es mayor.

Como a la vida de un perro

Lucas comienza experimentando una vida anterior, en una época alrededor del año 1730, en las cercanías de Buenos Aires. Al morir en esa vida, su alma se desprende del cuerpo y va hacia la Luz. Veamos qué pasa entonces cuando se muere y su alma va a la Luz:

—*Quiero que seas consciente, al ver ese cuerpo ya sin vida, de que ese cuerpo y esas experiencias ya no te pertenecen, queda todo ahí. Quita toda tu energía de ese cuerpo y despréndete de todo eso. Sigue ascendiendo en tu camino hacia la Luz. ¿Hacia dónde vas?*

—Para arriba, para arriba, para arriba...

—*¿A dónde llegas?*

—A una especie de lugar de luz. Lo veo todo, pero no veo nada...

—*¿Cómo te sientes en ese lugar de luz?*

—Bien, veo un montón de gente... a mi familia... Siento que me tengo que ir.

—*¿A dónde?*

—A otra vida... no sé...

—*Sigue avanzando.*

—Desaparezco y termino ahí.

—*¿Cómo es eso?*

—Me dan ganas como de quedarme en esa especie de lugar de luz, pero siento que me tengo que ir, que estoy de paso...

—*¿Sabes adónde te tienes que ir?*

—Parece que a la vida de un perro... De esos marrones que no son muy bonitos... Vivo en el campo...

—*¿Cómo es eso? ¿Te vas a vivir como un perro?*

—Sí, casi en la misma época (de la vida anterior).

—*¿Y a qué se debe que tengas que ir a vivir como un perro?*

—A que tengo que aprender a vivir en la naturaleza... solo y sin nadie.

—*¿Y quién dijo que tenías que aprender a vivir en la naturaleza solo y sin nadie?*

—No sé, es algo que me faltaba aprender...

—*¿Por eso eliges vivir como un perro?*

—Sí.

—*¿Y cómo te sientes ahí como perro?*

—Bien. Difícil, pero bien...

—*¿Y cómo es esa vida como perro? Aprendiste lo que tenías que aprender o no?*

—Por un lado sí, por otro lado no...

—*¿Cómo es eso?*

—Aprendí lo que es vivir solo y sin nadie que te acompañe. Pero no aprendí bien a olvidarme de algunas cosas...

—*¿Y qué tenías que aprender a olvidar?*

—No sé... a... olvidarme de lo que es tener una familia y todo eso... Me tenía que ir a vivir solo... como un perro solo... aprender a vivir solo, a estar poco acompañado...

—*Cuando cuente tres, vas a ir al momento de tu muerte en esa vida como perro. Uno, dos, tres.*

—Tengo como rabia... Tengo rabia... es como si fuera más malo. Me enfado por cualquier cosa que pasa...

—*Siente esa rabia y ve a algunas de esas experiencias en que te enfadas.*

—Hay un chico que está corriendo... y le empiezo a ladrar y se mete dentro de su casa. Y el padre sale con una escopeta y me mata...

—*¿Dónde te alcanza el disparo?*

—Primero en la pata y no puedo correr... Y después me remata en la cabeza... Entra por el costado, porque estoy tirado en el suelo...

—*¿Qué sientes?*

—Pues creo que nada más... Me despego —se refiere al alma— mucho más rápido que lo que me despegaría si me muriese viejo...

—*¿Te queda algo de esa rabia que necesites soltar?*

—La solté toda cuando me morí... Quedó ahí.

—*Llévate toda tu energía y deja la rabia ahí. Despréndete de eso completamente. (...) Muy bien. ¿Hacia dónde vas cuando te despegas de tu cuerpo de perro?*

—Hacia otro lugar. Veo la misma luz, pero no hay nadie... Vuelvo a donde están todos, pero es como que no hay nadie, así que me tengo que volver a esta vida.

—*¿Vienes a encarnar a esta vida como Lucas o es que ya trabajaste todo lo que tu alma necesitaba trabajar hoy?*

—Sí, eso; ya trabajé todo.

—*Elige un color para armonizarte.*

—Verde.

—*Siente la vibración del color verde que te envuelve completamente. Envuelve todo tu cuerpo por dentro y por fuera. Siente la vibración del color verde en todo tu cuerpo, en cada órgano y cada tejido, célula, molécula, cada partícula de tu ser. Siente cómo la vibración del color verde va quitando cada residuo que haya quedado de esa experiencia, borrando las imágenes, apagando las emociones y sensaciones de esas experiencias pasadas, desvinculándote completamente de todo eso y trayendo una nueva vibración a tu vida como Lucas. Crea una imagen de lo que quieres para ti ahora, siente que ya lo lograste, que ya lo tienes, mientras armonizo tus chacras con el péndulo. A la de tres, vas a abrir los ojos y volver a tu consciencia física habitual en tu cuerpo como Lucas en este día, sintiéndote tranquilo, relajado y envuelto en un profundo bienestar. Uno, dos, tres.*

Otro perro

Marcos me consulta por sus ataques de pánico y, al entrar en regresión, relata:

—Estoy en una montaña. Siento miedo, no sé por dónde bajar...

—*¿Cómo eres?*

—Soy un perro, tengo cuatro patas... o un lobo. Tengo miedo... Estoy cruzando por arriba de las piedras, mirando... Soy un perro con hocico negro, veo mi reflejo en el agua, tengo cola como de zorro...

—*Sigue.*

—Una mordedura, como de un animal grande, ¿un oso? Siento miedo... No puedo seguir avanzando, no tengo sitio para pasar, tengo que pelear con el oso, tengo miedo... intento meterme a un lado... veo cómo me agarró del cuello, una garra grande...

—*¿Qué sientes?*

—Frío... la espalda... me abrió la espalda, y el cuello... El oso se va corriendo, yo me quedé tirado de lado con las patas para adelante...

—*¿Qué sientes?*

—Frío en la nuca, un nudo en el estómago, me duele mucho la espalda, me aflojo...

—*Cuando cuente tres, vas a ir al comienzo de esa experiencia. Uno, dos, tres. ¿Qué estás experimentando?*

—El problema es la comida... Yo estoy comiendo algo, una lie-bre... Ahí aparece el oso, la dejo y lo miro, me va a venir a buscar a mí.

—*¿Qué sientes?*

—Miedo... Me aparto, pero me agarra del lomo... ¡Aagggh! Estoy corriendo...

—*¿Cuál es el momento más terrible de esta experiencia?*

—El miedo...

—*¿Cuáles son tus reacciones físicas cuando sientes el miedo?*

—Se me acelera el corazón.

—*¿Y cuáles son tus reacciones emocionales cuando se te acelera el corazón?*

—Me da pánico.

—*¿Cuales son tus reacciones mentales cuando te da pánico?*

—No puedo pasar por ningún lado...

—*¿De qué manera afecta esto tu vida como Marcos?*

—No puedo hacer nada, me da pánico, me paralizo... Siento que me voy a morir.

—*Cuando cuente tres, vas a ir al momento de tu muerte en esa vida. Uno, dos, tres. ¿Qué estás experimentando?*

—Estoy viejo. Es una casa. Me están apuntando con algo, lo veo en el reflejo del espejo. Me apuntan con un arma, me disparan en el lomo. La bala me perfora el corazón... me falta el aire... ¡No puedo luchar, ya está!

—*Esto de «no puedo luchar, ya está», ¿de qué manera afecta tu vida como Marcos? ¿Qué te hace hacer?*

—Me entra pánico...

—*¿Y qué te impide hacer?*

—Enfrentar las dificultades... lo que tengo que hacer...

—*Ahora vas a luchar como no pudiste hacerlo en ese momento. Uno, dos, tres.* —Golpea el almohadón imitando la pelea con el oso de la experiencia anterior—. *Y ahora, vas a ir al momento de tu muerte, para terminar con todo eso...*

—La bala no salió, perforó el corazón... Me echo, me tapo el hocico, me caigo... No siento nada más... veo desde fuera a un animal muerto.

—*Voy a sacar la bala y reparar tu cuerpo con extracción chamánica. Sé consciente de que tu cuerpo ya se murió, que no te pertenece. Saca toda tu energía de ese cuerpo y de esa vida y llévala a la Luz, y avísame cuando hayas llegado...*

—Ya llegué... estoy en paz...

Le pedí que eligiera un color para envolverse y realicé la armonización como en las demás regresiones, pidiéndole luego que regresara a su consciencia habitual.

Otras regresiones como animales

Me encontré también con una mariposa que se lastimó las alas y no podía volar, en una paciente que traía dificultades para independizarse; una abejita en un campo fumigado que se hizo daño en los ojos, en una mujer que no podía sanar un problema en la córnea; una capibara bebé comida por un lobo que se quejaba de la irresponsabilidad de su padre capibara, que no la cuidó como debía, y ahora venía con miedo a estar sola; un caballo que tiraba de un carro que necesitó literalmente «patear el carro» para desprenderse de una relación sofocante en su vida actual...

¿Podemos entonces ser animales y los animales ser personas en otra vida? Parece que sí. Algunos dirán que los perros o las ballenas no hablan o no tienen la consciencia desarrollada como para tener un diálogo o una comprensión como lo relatado en las regresiones. Recordemos que en una regresión estamos experimentando lo vivido, pero desde una perspectiva diferente. Desde la perspectiva del alma, más allá de las reencarnaciones en los diferentes cuerpos físicos.

La sensación que tiene quien hace la regresión es vivirlo en el cuerpo, pero al mismo tiempo observar y entenderlo todo desde el nivel del alma. Revivimos esa experiencia desde un estado de consciencia que nos permite comprenderla desde una mirada más amplia: La Mirada del Águila.

Esa es justamente la clave para habilitar la integración de la experiencia en un nivel superior. No es solo recordarla como «un eco del pasado», es comprenderla desde una mirada más sabia dentro de un contexto mayor: la historia del alma. Es la habilidad que desarrollamos también en la meditación: vivir nuestra vida y al mismo tiempo ser testigos de ella. Es experimentar el Observador, el Testigo, en la vida cotidiana.

Es por ello que es necesario tener previamente un ego, un yo sólido y estable para luego poder trascenderlo, integrando las experiencias transpersonales, elevando así nuestro nivel de consciencia.

Animales de poder

No confundamos la reencarnación como animales con los *animales de poder*, de los que hablan los chamanes. Cuando revivimos una vida como animal, consideramos que real y literalmente fuimos animales físicos, encarnados en esta tierra nuestra.

Cuando los chamanes hablan de que todos tenemos nuestros animales de poder, se refieren, no a animales físicos, aunque se presenten con esa forma, sino a espíritus de ayuda, seres trascendidos, de amor y sabiduría, que habitan en lo que ellos llaman el Mundo de Abajo, una dimensión espiritual. Espíritus que están para ayudar a los seres de esta tierra.

Michael Harner nos dice en «No estamos solos», su artículo para *Alternative Therapies magazine:* «Cuando un ser humano con compasión trabaja para aliviar el dolor y el sufrimiento de otro ser humano, los espíritus están interesados y vienen en su ayuda, se involucran».

Podemos conocer a nuestros espíritus de ayuda: pueden presentarse ante nosotros en un viaje chamánico, o mediante una «visión» que es cuando «los vemos» frente a nosotros de repente, en una situación diferente al viaje chamánico. A mí se me han presentado de diferentes maneras los espíritus con los cuales trabajo en la sanación y en las regresiones: una vez, en una ceremonia chamánica en la que llamábamos a algún espíritu para que nos ayudara... sentí a un tigre dentro de mí, tan vívidamente que creí que mi piel se iba a romper. Y luego lloré de emoción por la belleza de la experiencia.

La primera de todas en presentarse, de una manera más elegante y sutil, pero no menos impactante, fue mi Águila, mi principal espíritu de ayuda. Ella vino en una meditación con cuencos de cuarzo, a la que yo me había entregado relajada y placenteramente. No la había invocado, ni la conocía. Ella decidió presentarse. Voló enorme hacia mí y, con sus alas desplegadas, ocupó todo mi campo de visión (no físico, sino del alma o realidad «no ordinaria», como dicen los chamanes), y simplemente me dijo: «Soy tu animal de poder».

5

Recordando el futuro

¿Es posible recordar el futuro? Raúl V. Torres, técnico en electroen-
cefalografía —método que he estudiado y experimentado con él— y
formado en física cuántica, en su libro *Universo Cuántico. Fundamentos Científicos de la Medicina Energética*, nos dice:

> Debemos considerar la existencia de una inteligencia que ordena
> todas las fuerzas y acciones del universo y de las especies que lo
> habitan, que entiende los movimientos de los cuerpos más grandes
> como las galaxias, las estrellas y los planetas de la misma manera
> que el desarrollo de un ser, un animal o un árbol y hasta el compor-
> tamiento del más pequeño de los átomos.
>
> ¿Es posible entonces recordar el pasado y el futuro? Sí, es posi-
> ble, si mediante una técnica adecuada adormecemos la consciencia
> racional y nos permitimos viajar fuera de toda manifestación física.

Y describe lo que experimentaría nuestra consciencia en ese «viaje» fuera del tiempo y el espacio:

> Se sale de la consciencia racional si con la mente modificamos las fre-
> cuencias y nos permitimos desconocer el espacio-tiempo. De esa ma-
> nera se traspone la barrera que nos separa del mundo multidimensio-
> nal donde se alojan los patrones y la memoria de la existencia del

universo. Dejamos de percibir el mundo en términos de objetos e ingresamos en un universo existencial donde «todo es». En ese estado podemos comprender la esencia del universo y nuestra propia esencia. Esta forma de percepción sobrepasa las limitaciones de la comprensión. Llegar a este estado solo es posible si dejamos de lado la negación y los cuestionamientos; es una cuestión de energía, un estado de ensueño donde todo sucede y el conocimiento fluye como un presente extendido hacia atrás y adelante, hacia nuestra conciencia despierta.

(...) En la vida ordinaria somos inconscientes de la unidad de la cosas, dividimos el mundo en objetos y sucesos separados. Esta división resulta útil y necesaria para enfrentarnos cada día con la realidad que nos rodea, pero deja de constituir un rasgo fundamental de la realidad, solo es una abstracción creada por nuestro ego.

Así que, sabiendo todo esto, casi que está de más, preguntar y responder:

¿Podemos ir «al futuro» en una regresión?

Para el alma no hay tiempo, así que no debería haber ningún inconveniente. El alma puede moverse libremente entre pasado, presente y futuro. Para el alma el tiempo no existe. Para ella, el tiempo es diferente que para el cuerpo físico, ya que no está condicionada por el tiempo lineal, que es un tiempo donde desde el presente podemos mirar el pasado, pero no el futuro. El alma es pura energía, un poquito más densa que el Espíritu del cual proviene, pero mucho menos que el cuerpo físico. No está limitada por el tiempo ni por el espacio. Tampoco muere. Es eterna. Y, cuando hacemos una regresión para acceder a estos «recuerdos», expandimos nuestra consciencia. Continuando con la explicación de Raúl Torres, podemos comprender el alcance ilimitado de esta forma de acceso al conocimiento universal:

Existen, por lo menos, tres estados modificados de consciencia generados: la hipnosis, los estados expandidos de consciencia y los provocados por la drogadicción.

La hipnosis (palabra griega que significa «sueño») se genera precisamente mediante la inducción al sueño. Para conseguir llevar a la persona a ese estado, se recurre a la sugestión y la confusión de los sentidos. Bajo los efectos de la hipnosis se puede bucear únicamente en el recuerdo existente en esa mente. Solo se puede acceder a experiencias vividas.

La diferencia entre hipnosis y el estado expandido de consciencia radica en que en este último estado se puede ingresar en la memoria de las experiencias vividas y en la memoria del universo, al inconsciente colectivo al que se refiere el doctor Carl Gustav Jung. En estas frecuencias mentales se puede recoger el conocimiento existencial. Ese efecto se consigue mediante la relajación o distracción del hemisferio izquierdo y centrando la atención del hemisferio derecho por la activación de los recuerdos que guarda en su imaginario archivo. A medida que se profundiza ese estado, se modifican las frecuencias y se amplía el campo del conocimiento más allá de lo creíble y en ciertos casos de lo imaginable.

El futuro: un abanico de probabilidades

Cuando estamos en un cuerpo, el tiempo se vuelve lineal y el futuro consiste en «posibilidades de experiencia» Es un abanico de probabilidades. Un abanico amplio pero limitado. Según cómo estemos viviendo en el presente, cómo haya sido el pasado o cuáles sean nuestras tendencias, vamos a manifestar —a vivir, experimentar— algunas de estas posibilidades del futuro, y no otras. No hay determinismo, pero tampoco las experiencias posibles son infinitas. Están condicionadas por nuestro karma, por lo que ya vivimos, por cómo pensamos, por nuestras acciones, por lo que sabemos y lo que hemos desarrollado hasta ahora. Es casi imposible que alguien sin talento artístico pueda convertirse en un famoso bailarín, cantante, pianista o pintor; pero sí podría ser un gran abogado o ingeniero. Es probable que si vinimos a esta vida a aprender el desapego, suframos la pérdida de un ser querido, pérdidas económicas o desarraigos. Es poco probable que una niña nacida en una cultura que esclaviza a la mujer sea una brillante científica el día de mañana.

Para que alguna experiencia en el futuro se manifieste, tienen que confluir una serie de circunstancias que ya están en marcha ahora. «Para ser arquitecto en dos años, tengo que estar estudiando ahora, tener el dinero para pagar los estudios, salud, el deseo de alcanzar ese objetivo, el talento y la constancia necesarias, ningún miedo que provenga de esta u otra vida que me paralice ante los exámenes... y lo más importante: que esté escrito en mi plan de vida antes de nacer».

Como lo escuché decir a Deepak Chopra en sus conferencias: «Este momento es perfecto como es, porque todas las fuerzas del Universo confluyeron para que así sea». Es la base de la aceptación, que no es resignación. Si no nos gusta el presente, podemos elegir otro camino a partir de ahora, para tener un futuro mejor.

El futuro no está totalmente determinado. No está escrito en piedra. En el plan de vida que creamos antes de nacer hay una serie de experiencias posibles de vivir. No las vamos a vivir todas, solo algunas. Depende de nosotros, de cómo vayamos recorriendo el camino una vez que llegamos a la Tierra. Una persona puede tener la capacidad y planear tener mucho éxito como médico, pero si durante el transcurso de su vida no logra desarrollar las condiciones necesarias para alcanzar ese objetivo, aunque esté escrito, aunque esté dentro de sus posibilidades, no lo va a lograr. Sus Guías Espirituales no lo permitirían, no todavía en esta vida, ya que no podría sostenerlo.

En las regresiones, las personas hablan de «logré o no logré» hacer lo que vine a hacer a esta encarnación. No hay problema si la respuesta es negativa: asignatura pendiente para otra vida.

También podría ser que una persona vaya por «mal camino», derecho a experimentar la peor de las opciones, y algo la haga cambiar de rumbo repentinamente dando un giro de 180º... «Venía a 190 km por hora, derecho a estrellarse contra una pared... el peor de los pronósticos... ¡pero giró el volante a tiempo! Y después manifestó un futuro brillante, que superó incluso las expectativas más optimistas». Para ello no hay límite. El límite es la iluminación, un despertar espiritual que siempre es posible.

Tenemos que tratar de ser la mejor versión de nosotros mismos, la mejor persona que podamos ser. De todos los futuros probables, el mejor.

El alma conoce todas esas posibilidades de nuestro futuro inmediato. Estas experiencias estaban escritas antes de nacer. ¿Cuáles vamos a vivir? Depende de nosotros.

Ese «giro de 180º», si es necesario, depende de nosotros. Por eso es tan importante la manera en que reaccionamos ante lo que nos pasa. Si perdí a un ser querido o todo mi dinero y entro en un estado depresivo del que no salgo nunca y pienso que «la vida no vale la pena» o que «yo no valgo lo suficiente para seguir viviendo y los demás estarían mejor sin mí», un futuro muy probable es que termine quitándome la vida. Esa experiencia, debido a mi manera de reaccionar ante la pérdida, estará entre las posibles experiencias de mi futuro. Pero depende de mí que no sea así.

Experimentando el futuro en el presente

Cuando una persona que posee el don de la clarividencia nos dice lo que puede sucedernos en el futuro, está hablando de una de las tantas posibilidades, generalmente de entre las más probables. Porque, según sea la dirección en que venimos ahora, será donde lleguemos.

Lo mismo sucede cuando, en regresión, la persona, en lugar de ir a una vida pasada, va a una experiencia en el futuro de su vida actual, o a una vida futura...

Progresiones

Llamamos progresión a la técnica que nos permite acceder a un «evento futuro posible» en nuestra vida, en lugar de ir a una experiencia del pasado, como en la regresión. Es preciso que recordéis que en realidad no vamos a ningún lado, solo accedemos al registro que se encuentra en la memoria del inconsciente, o alma. Es más fácil para nosotros, que pensamos en tiempos lineales, imaginar como posible recordar algo que ya sucedió, que recordar algo que no vivimos todavía. Pero el alma no tiene tiempo lineal. Esto implica que lo que sucedió, lo que está sucediendo y lo que sucederá, todo está en el presente a nivel del espíritu, por eso, este lo puede «recordar». Recuerda una de las tantas posibilidades que nos planteamos antes de encarnar. Sin embargo, para nosotros, cuando estamos con cuerpo y experimentando el presente en el tiempo lineal, el futuro está como una posibilidad que podemos vivir o no. Pero está. Y a ella accedemos en la progresión.

Estoy con un bebé

Carolina vino a aprender meditación aconsejada por su médico obstetra, ya que estaba en tratamiento para quedar embarazada hacía ya varios años. Ella decidió, además de meditar diariamente, hacer algunas regresiones para resolver su dificultad para ser madre. En las sesiones revivió varias «vidas anteriores» que le fueron permitiendo sanar su pasado y conectarse con su deseo de ser madre. En una sesión a la que vino después de haber «perdido un embrión que había prendido», quiso experimentar el «futuro», para ver qué pasaría si seguía intentando tener un bebé. Tenía que decidir si continuaba con aquel tratamiento tan difícil y doloroso. «¿Valdrá la pena?», se preguntaba.

Le dije que se recostara, como siempre, y permitiera que su alma fuera a la experiencia a la que necesitaba ir para saber qué sucedería si continuaba intentando tener un bebé...

—Me veo o imagino en un apartamento —en ese momento vivía en una casa—. Estamos mi marido y yo, por la mañana, él me explica unas cosas y se va a trabajar y yo me quedo. Estoy con un bebé, es grande, tendrá un año y medio. Me siento bien, le estoy dando de comer. Todo parece muy natural, es mi hijo. Trabajo menos horas, estoy más contenta. Estamos bien, me lo llevo en el coche, estoy llevándolo a una guardería cerca del trabajo. Pienso que mi abuela se murió. Estoy cambiada, más contenta. Voy haciendo lo que siento.

Dos años después tuvo a su hijo. Vivía en un piso, su abuela había muerto, y dejaba al niño en una guardería cerca del trabajo. Hubo una sorpresa: un segundo hijo.

Después de morir... ¡en esta misma vida!

En el curso de formación en la Técnica de Regresión a Vidas Pasadas Orientación Chamánica, practicamos también cómo hacer progresiones: es una gran oportunidad para la investigación y desarrollo de nuevas posibilidades de esta maravillosa modalidad terapéutica. Veamos el testimonio de una alumna:

En una ocasión, en clase, nos disponíamos a hacer una progresión en la cual me tocaba hacer de paciente. Yo quería consultar por un tema que necesitaba resolver en aquel momento. Con mi compañera que hacía de terapeuta, nos dimos cuenta de que estaba en un espacio entre vidas (la Luz). La sorpresa fue cuando sentí que era el «espacio que le sigue a esta vida que tengo ahora». ¡Qué maravillosa sensación de paz, de misión cumplida! Es sutil y tan real, tan verdadero. Es tener Fe, confianza, sentir que somos parte de un plan divino.

Es muy interesante poder acceder al futuro probable al finalizar esta misma vida, para saber si vamos en el camino correcto, si estamos haciendo lo que vinimos a hacer, y si, al continuar en esta dirección, lo vamos a lograr, o necesitamos hacer algún cambio. Estamos a tiempo de enderezarnos.

Luz después del túnel

Laura vino a verme al año de quedar viuda, estaba sin esperanza de sentirse mejor. Trabajamos en varias regresiones la muerte y despedida de su marido. Recuperó la parte de su alma que se había ido con él al morir, pero nada bastaba para alcanzar la paz... hasta que me preguntó:

—Estoy en un túnel oscuro del que siento que no puedo salir... ¿habrá luz después del túnel?

—*Vamos a ver... A la de tres vas a dejarte ir a la salida de ese túnel y me vas a contar lo que estés experimentando. Uno, dos, tres... estás ahí, ¿qué estás experimentando?*

—Él (marido fallecido) me da la mano, me lleva fuera del túnel... y me muestra una playa... rocas... el mar... barcos... y una pareja feliz... La mujer soy yo... pero el hombre no sé quién es... Veo maletas, aviones... como muchos viajes... no entiendo bien... es todo muy bonito...

Al cabo de un año conoció a una persona con quien actualmente forma pareja, y viajan mucho a lugares con mar debido a su trabajo, y también por placer.

El alma guarda los recuerdos del pasado y conoce los futuros probables, ya que tiene el recuerdo del plan de vida que hicimos antes de encarnar y sabe cuál de las experiencias escritas para nosotros es más probable que vayamos a experimentar, según nuestro presente actual.

De todos modos, las progresiones no son habituales en la práctica diaria en consultorio. No porque sean difíciles: acabamos de ver que el alma sabe nuestro plan de vida, por lo que podríamos decir que para ella «no hay tiempo». Tampoco porque no sean importantes, ya que, en casos como este, es vital vislumbrar un futuro luminoso. Es más bien porque el alma accede a la experiencia que le permite sanar su dolor y, normalmente, el síntoma que trae al paciente a la consulta tuvo su origen en una situación no resuelta del «pasado». Sobre todo en las primeras regresiones que hace una persona que está iniciando su proceso de sanación.

Las enseñanzas de un indio

Patricia, una profesional de la salud de veinticuatro años que ya venía haciendo varias regresiones conmigo, en una ocasión me dijo que deseaba conocer una forma más espiritual de practicar la medicina. Como no tenía un síntoma específico para sanar en ese momento, simplemente le dije a su alma:

—*Cuando cuente tres, vas a ir a la experiencia que tu alma decidió trabajar hoy aquí, relacionada con una forma más espiritual de practicar la medicina. Déjate llevar... ella sabe... Uno, dos, tres; estás ahí. ¿Qué estás experimentando?*

—Estoy llegando con una mochila a un lugar, como un desierto, a encontrarme con alguien... Soy igual que ahora, pero tengo treinta años... No sé bien a qué vine, creo que a buscar a un indio que me va a enseñar cosas sobre cómo curar o algo así.

El relato es largo y muy detallado, de cómo este «sanador indio», de un lugar que ella identificó como en el oeste de Estados Unidos (pero no estaba segura), le fue enseñando sobre la paciencia, el dolor y la sanación.

Al terminar la regresión, Patricia preguntó:

—¿Habrá estado todo esto influido por el libro que estoy leyendo?

—*No lo sé, tendremos que esperar. Lo importante es lo que aprendiste hoy.*

—Me enseñó a sentir el dolor de mis pacientes, a tener paciencia... ¡y a buscar lo que realmente quiero!

Hoy Patricia está viviendo en África y trabaja en un hospital. No le resultó nada fácil obtener la revalidación de su título, pero gracias a su tenacidad logró lo que realmente quería. El jefe de su equipo médico, de quien aprende mucho, es un indio (no del oeste de Estados Unidos, sino de la India). ¿Similitudes, coincidencias o causalidades?

Cuidemos la tierra, porque a ella volveremos

Solemos pensar en el futuro del planeta Tierra como un legado hacia nuestra descendencia. «¿Qué mundo quiero dejar a mis hijos?», nos preguntamos casi en forma obligada para movilizar algún interés en el cuidado de nuestro hogar.

Pero pocos se toman en serio esta pregunta. Después de todo «falta mucho... nosotros no llegaremos a verlo», pensamos. Esta es la gran falacia. Generalmente somos bastante egoístas y pensamos solo en un «futuro inmediato». Pensamos en nosotros, en nuestros hijos un poco, un poco menos en nuestros nietos y nuestros bisnietos, y en sus hijos y sus nietos... ya casi nada. Podemos preocuparnos mucho por nuestra familia cercana, un poco menos por la lejana; por los vecinos, un poquito; menos por los compatriotas, bastante menos aún por los de otros países; y por los de otros continentes, otras religiones, otros idiomas, casi nada.

Así es difícil obtener la colaboración y el compromiso de toda la humanidad para cuidar el planeta para las «generaciones futuras». Pero qué diferente sería si los herederos del mundo fuéramos ¡nosotros mismos!

Me voy hacia el futuro, mucho más al futuro...

Tomás es un niño de doce años a quien su madre me pide que lo ayude a sanar un dolor de estómago recurrente. Comienza reviviendo una vida en «época de los romanos», en la que era un artesano de flechas. Su regresión parece finalizar cuando él muere envenenado por error, al comer del plato al que le invitó su cliente, un senador que estaba muy satisfecho con la confección de las flechas. Al morir su cuerpo, su alma se eleva a la Luz y es curioso cómo, al elevarse, describe que ve tierra que no sabía que existía: el continente americano. Al llegar su alma a la Luz, la regresión toma un giro inesperado...

—Esta persona me envenenó sin querer, porque querían envenenar al rey o a otro senador. Cuando me elevo veo algo que parece América, pero no sé qué es eso porque nunca estuve ahí... Y se empieza a iluminar la Tierra... Es un puntito, y no puedo ver nada...

—Llega a la Luz—. Y es como que lo entiendo todo... para qué estamos, para qué estoy...

—¿*Qué entiendes?*

—Que todos nosotros somos como pequeños engranajes. Sin nosotros, la Tierra no funcionaría. Que hay alguien que... hay algo como más poderoso que todos nosotros que sabe bien para qué estamos ahí... Pero no es alguien tipo persona, sino que es algo que hace que todo funcione, que todo vaya hacia donde tiene que ir... Y siento que no me quiero ir de ahí, no quiero irme de ahí, de ese lugar... No quiero abandonar la sabiduría esa... Siento que lo entiendo todo, digamos... como que quiero un poco más... más... sabiduría.

—¿*Qué necesitas hacer para obtener más sabiduría?*

—Tengo que bajar de nuevo a la Tierra. Puedo elegir a qué tiempo ir, con quién tengo que estar, en dónde, en qué año... Y me voy hacia el futuro, mucho más al futuro...

—¿*Dónde vas?*

—Me voy a la Tierra, pero está negra, como destruida...

—*Sigue.*

—Y soy hijo de una madre que sobrevivió a algo...

—*¿Qué año sería ese... si supieras?*

—Cuarenta y ocho... después de... es como una nueva fecha que se hizo, como si fuese un alguien, y después de esa tal persona...

—*¿Qué persona?*

—Después de Lazam... algo así, como que termina con «am»... Alguien cometió un gran error, como si hubiera puesto una bomba en algún lugar, se murió y entonces hizo un cambio muy grande en toda la Tierra por la bomba...

—*¿Cómo fue ese cambio?*

—Es como que todo... se fue como el equilibrio...

—*¿Qué le pasó a la Tierra?*

—Se... secó, digamos. Me parece que estamos más cerca como del sol y entonces se secó todo, como que la bomba cambió algo en la Tierra que hizo que nos acercáramos unos grados más, entonces se quemó todo... se murieron las plantas... y todo.

—*¿A qué se debe el que elijas bajar en ese momento a la Tierra?*

—Para encontrar... la desolación... No hay nada en ningún lugar, no hay nada bonito... y todos en esa vida nos vamos a morir.

—*¿A qué se debe el que hayas elegido encarnar en esa vida?*

—Para saber que no siempre vamos a estar acompañados... Ahora alguien dice... que tenemos que... nos cansamos de esperar y abrimos la puerta fuera... y abre esa puerta y... salimos fuera y está todo desierto, estamos al lado del mar y el mar está muy contaminado... Y hay tormentas en todos lados, pero nunca llueve, y de repente alguien encuentra una planta o algo así y dice: «La esperanza vuelve»...

—*¿Qué edad tienes?*

—Soy un bebé. Están todos contentos con la planta esa, pero es como que se pelean por ella y la pelea hace que la planta se rompa y la esperanza se va y la gente se separa y se pelea, y parece que salir fuera es malo, te enfermas de cáncer fuera de esa base, de ese refugio

Recordando el futuro **137**

antibombas… Es una casa bien grande y vive poca gente, nadie se puede reproducir. Entonces, quedamos muy pocos…

—*Cuando cuente tres, vas a ir al momento de tu muerte. Uno, dos, tres…*

—Cuando salimos. Volvemos a esa base después de unos días y nos morimos, como si fuese un cáncer… todos… El cuerpo se seca por dentro como les pasó a las plantas y animales… te entra sed, no puedes respirar… te empiezas a ahogar… y se te seca la piel… y te mueres de un paro respiratorio, como si se te cortara la respiración… Se acelera el corazón y de repente se para del todo… Aparezco de nuevo en ese lugar de luz y tengo que volver a bajar.

—*¿Y qué eliges esta vez? ¿Adónde vas?*

—Siempre hay que volver a bajar.

—*¿Hasta cuándo?*

—Hasta pasar a otro nivel, como si fuera un curso… como el colegio.

—*¿Y qué pasa cuando lo pasas?*

—Tienes que ir a vidas más complicadas…

—*¿En qué sentido?*

—Hay que luchar más en cada vida…

—*¿Y a qué se debe que haya que ir a vidas más complicadas?*

—Es como para aprender más, pero no tiene fin el aprendizaje ese… Veo como ese lugar de espacio… La Tierra es como primer curso, algo así, y veo cursos más arriba, son como diferentes pisos y hay otros planetas…

—*¿Cómo son los aprendizajes ahí?*

—No lo sé.

—*¿Qué necesitarías aprender para salir del nivel de la Tierra?*

—Aprender a estar solo.

—*¿Es lo único que te falta?*

—Creo que sí…

—*¿Qué sientes?*

—¡Que me falta poco! Mi alma dice que voy bien...

—*¿Qué ayuda necesitarías? ¿Hay algo que necesitarías para termi*nar de aprender esto?

—Tener siempre presente que la vida va a ser... que la vida no va a ser siempre estar contento... Bajas a una vida y entras a un lugar en que va a pasar algo, no vas a estar siempre contento.

—*¿Qué te hace hacer todo esto en tu vida como Tomás?*

—Seguir viviendo la vida... Hay que seguir... esto hace que siga... tengo que seguir para llegar ahí...

—*¿Y qué te impide hacer?*

—Nada... me hace seguir en la vida...

Estimados lectores: ¿Se os había ocurrido, después de leer tantas regresiones, que lo que llamamos «próximas generaciones» somos nosotros mismos? Somos nosotros quienes vamos a padecer o disfrutar mañana de lo que hagamos hoy. Es nuestra elección. El futuro no está escrito. Lo escribimos todos los días. Está en nuestras manos.

Ver el futuro en sueños

Muchas personas me consultan porque sienten que pueden «predecir el futuro» de otras personas en sueños, y eso les asusta, porque generalmente lo que ven son «cosas malas»: accidentes, muertes... y normalmente de familiares. Y, la mayoría de las veces, se confirma su presagio. A veces su duda es si ellos «provocan» estas situaciones, si las atraen por haberlas imaginado, lo que genera mucha culpa, sobre todo en los niños. Cuando dormimos, el alma está más libre, la mente consciente no controla tanto y podemos, entre otras cosas, «recordar lo que planeamos antes de nacer» o sea, «el futuro» para nosotros ahora. Lo mismo sucede en el *déjà vu:* recordamos nuestro plan de vida.

Una mujer joven que vino a consultarme porque le costaba mucho superar la muerte de su hermano, me dijo que de niña había soñado que él se moría en un accidente. Exactamente lo que sucedió veinte años después.

Grupos de almas

Generalmente, el plan de vida que escribimos antes de nacer incluye las experiencias que viviremos con las almas con las cuales encarnamos juntos en muchas vidas, porque pertenecemos al mismo grupo de almas. Esto implica que ya sabíamos antes de venir, de encarnar en esta vida, lo que iba a ocurrir y el propósito de ello. En realidad, cuando «lo predecimos», lo estamos recordando. Encarnamos en grupos de almas para hacer juntos este aprendizaje, por eso podemos saber lo que le sucederá al otro, ya lo habíamos arreglado de antemano cuando estábamos en el espacio entre vidas antes de nacer, escribiendo el anteproyecto para esta encarnación. Decidimos qué experiencias viviremos para lograr el aprendizaje que necesitamos para nuestra evolución, y dentro de esas experiencias, están las del «futuro».

Cuando tenía catorce años, una mañana le dije a mi abuela que vivía con nosotros:

—Anoche soñé que te ibas.

—Sí, pronto me voy a ir —me respondió.

La cara de mi madre estaba blanca. No me habían dicho que tenía cáncer. Murió poco después.

Intuyendo el futuro

En el estado de vigilia también podemos «recordar el futuro», puede ser a través de imágenes, sensaciones, emociones... Yo recuerdo cómo me sentí una semana antes de la muerte de mi hijo. Un día me encerré en el baño a llorar sin ningún motivo concreto, y recuerdo que me dije a mí misma: «¡Lloro como si se me hubiera muerto un hijo, qué exagerada!».

En otro momento de esa misma semana, al salir de un curso me sentí muy triste, decaída, tuve que sentarme en un bar. No podía seguir y me dije: «¿Por qué estoy tan triste? No tengo fuerza para nada». Ahora sé que estaba «recordando lo que iba a suceder».

Otras personas me han contado que les dio por sacar muchas fotos justo antes de la muerte repentina de un hijo... Diferentes actitudes que luego les hicieron pensar en una premonición, en un recuerdo de lo que habían planeado entre todos para esta vida antes de nacer.

6

¿Salvadores o invasores?

Los extraterrestres

¿Son buenos o malos? ¡Qué pregunta tan difícil de responder! La pregunta ya no es: «¿Existe vida fuera del planeta Tierra?». Casi nadie cree que somos los únicos seres vivos dentro de un universo tan vasto. Pero, aunque existieran otros seres, ¿podemos contactar con ellos, pueden ellos llegar hasta aquí?

Los físicos comprobaron que la velocidad de la luz no es el límite máximo que se puede alcanzar, sino que esta velocidad es superada por otras partículas subatómicas, que llegan antes que ella en la carrera. Con este descubrimiento de la ciencia, podríamos pensar que la enorme distancia entre los planetas no es un obstáculo para el contacto extraterrestre, para aquellos que posean un mayor desarrollo tecnológico.

Además, contamos en el universo con la teoría de los agujeros de gusano. Raúl V. Torres, en su libro *Universo Cuántico. Fundamentos científicos de la medicina energética. Modificación del comportamiento humano a través de los campos interferentes*, lo explica claramente:

Los agujeros de gusano son hipotéticos «atajos» para viajar más rápidamente entre puntos distantes del universo. El agujero de gusano tiene dos entradas conectadas entre sí por un túnel a través del hiperespacio. Fueron descubiertos en 1916, como una solución a la ecuación de campo de Einstein. Partiendo de la gravedad cuántica, surgida de la mecánica cuántica, nuestro universo estaría formado en sus niveles más profundos de «espuma espacio-temporal». En esa escala, las regiones más aisladas del universo estarían conectadas a través de múltiples y minúsculos agujeros de gusano.

Se ha especulado con la posibilidad de que estos misteriosos cuerpos celestes, en caso de que sea factible probar que existan, pudieran usarse en el futuro como «máquinas del tiempo». Los agujeros de gusano serían útiles para viajar a distancias casi infinitas por el espacio, se podrían utilizar para viajar en el tiempo. Aunque parece ficción, esto puede ser una realidad.

(...) Pero si las máquinas del tiempo están permitidas por las leyes de la física, entonces están mucho más allá de las capacidades tecnológicas actuales de la raza humana. En ese caso podrían existir civilizaciones infinitamente más avanzadas, que hubiesen develado las leyes de gravedad cuántica y podrían haber encontrado, aislado y aumentado de tamaño un agujero de gusano microscópico para utilizarlo como un eficaz medio para viajar en el espacio y en el tiempo.

Nos cuenta cómo Hawking pensaba al respecto:

S. Hawking sostiene que un electrón que viaja en línea recta caerá en un agujero de gusano y saldrá disparado hacia otro universo y a su vez otro electrón hace lo contrario y entra en nuestro universo. Este pensamiento hace que se mantenga en equilibrio la existencia de la materia. Si en lugar de un electrón se tratase de una nueva y desconocida forma de vida que en el momento de nacer en determinado universo cae en un túnel dimensional que cumpliera la función de un atajo cósmico (según este pensamiento de Hawking), saldría disparada hacia otro lugar del cosmos y podría aparecer dentro de una estructura molecular cualquiera, en la que se vería obligada a parasitarse para poder subsistir.

Según lo expuesto, la partícula o extraterrestre que viajara por los agujeros negros, en este túnel dimensional, en ese atajo cósmico, desde otras galaxias, podría comenzar a vivir con nosotros si llegara a la Tierra. Algunos refutan esta teoría diciendo que los agujeros de gusano son más pequeños que esas partículas extraterrestres que viajarían por ellos. Torres dice al respecto:

> El sentido común nos dice que el vacío debería carecer de energía, pero el Principio de Incertidumbre sostiene que el espacio vacío está bañado de energía, en consecuencia, está ocupado. Hawking cree que los agujeros de gusano que aparecen en todas partes hacen que la constante cosmológica y la densidad de energía del vacío sean una variable cuántica que, como las masas de las partículas, pueden tener cualquier valor.

Esta explicación sobre el vacío lleno de energía coincide con lo que Deepak Chopra afirma en todos sus libros: que todas las cosas materiales del universo están compuestas de partículas subatómicas, que son «fluctuaciones de energía e información, en un inmenso vacío, de energía e información». A este vacío también lo llama *materia pensante*, ya que todo pensamiento es un «impulso de energía e información».

Aún más, hay quien dice que seres tecnológica y psíquicamente (no confundir con *espiritualmente*) avanzados no necesitan venir con el cuerpo físico: el contacto puede ser a nivel del cuerpo energético, astral. Incluso, como postula Kristos Tsompanelis, mi maestro de cábala, podrían proyectar las naves espaciales con el pensamiento, que viaja a mayor velocidad que la luz. Al respecto, Torres explica: «Otra posibilidad sería que una especie inteligente proyectase un pensamiento a través del cosmos hacia un lugar determinado para realizar un proyecto de investigación, observación o dominio».

Por eso la pregunta cambió, ya ni siquiera es: «¿Pueden contactarnos?». Ahora deberíamos preguntarnos: estos seres que vienen de otros planetas, ¿quieren ayudarnos en nuestra evolución, a cuidar la Tierra; o dominarnos porque les gusta nuestro hogar y pueden necesitarlo algún día? ¿Tenemos un origen común? ¿Es la Tierra una de las tantas probabilidades para tener experiencias, tanto para nosotros como para los extraterrestres? ¿Podemos haber venido nosotros mismos de las estrellas? ¿Hay una lucha entre planetas? ¿Somos tan diferentes a ellos?... O sea, ¿son buenos o malos?

Repito: pregunta difícil de responder. ¿Por qué? ¡Porque debe de haber de todo, igual que aquí! No por ser extraterrestres son buenos y evolucionados. No es garantía de bondad el «no vivir en la Tierra». Nosotros estamos en tercera dimensión ascendiendo a cuarta... no es mucho y nos sentimos menos... pero *ellos* —sobre todo los que vienen en platos voladores o naves— solo están en cuarta dimensión, «en el Mundo del Medio», dirían los chamanes. Son más habilidosos en el manejo de la energía y poseen mayor tecnología, lo que les permite tener materiales desconocidos para nosotros, gran capacidad bélica, comunicarse a través de la telepatía y otras habilidades psíquicas. Normalmente se presentan como si fueran los «salvadores de la humanidad», pero habrá que sospechar si tienen otras intenciones más egoístas. Tenemos la tendencia a asociar el desarrollo de habilidades psíquicas o en algún área de conocimiento, o el hecho de que vengan «de arriba», con compasión, sabiduría, trascendencia y evolución. Y no es así necesariamente. Tampoco es lo contrario, como nos hacen creer algunas religiones que asocian los «poderes psíquicos» o cualquier energía desconocida con algo oscuro o endemoniado.

Dentro de los extraterrestres, habrá quienes deseen ayudarnos: Seres de Luz o de otros planos más elevados que nos protegen y asisten en nuestra evolución.

La tendencia actual es la fascinación por el contacto extraterrestre… nuestros «salvadores». ¿De qué queremos que nos salven? —me pregunto—. ¡¿De nosotros mismos? !Hoy en día es muy común creer que son «todos buenos», que nos vienen a salvar de la violencia, del dolor… en definitiva, de todo lo que no nos gusta de este planeta y de la condición humana, lo que no nos gusta de nosotros y nuestros hermanos. O sea, ¡justamente de aquello que vinimos a experimentar!, y que es nuestra responsabilidad resolver para crecer, pero a lo que no queremos enfrentarnos.

Regresiones y abducción

Lo que yo quisiera compartir con vosotros, queridos lectores, es la experiencia que normalmente surge en las regresiones al trabajar este tema.

Recordemos que, cuando una persona hace una regresión, normalmente es para sanar su vida, resolver un problema, curar una enfermedad, etc.; por ello, es esperable que la mayoría de las experiencias que vaya a revivir cuando la haga —con seres de este u otros planetas— sean traumáticas, difíciles o dolorosas. Eso no quiere decir que no existan otras. Recordad el gran descubrimiento del padre del psicoanálisis: «El síntoma actual es causa de una experiencia traumática no resuelta que quedó en el inconsciente». ¡Y allí nos lleva la regresión, directos al recuerdo reprimido para sanarlo!

Para no tener que lidiar con esta difícil pregunta —«¿son buenos o malos?»—ni discutir con los «fans de E.T.», en Terapia de Vidas Pasadas con Orientación Chamánica no decimos que trabajamos con extraterrestres, decimos que nuestro tema es *la abducción extraterrestre*, y vosotros sacaréis su conclusión. «Abducción» significa «secuestro»; en este caso: el secuestro de una persona por parte de extraterrestres. Normalmente estos llevan a la persona (no a su cuerpo físico, sino al astral) a su nave para hacer experimentos. Y todo lo que allí sucede con el abducido es lo que nos compete en Terapia de Regresión a Vidas Pasadas de esta orientación. Habitualmente son experiencias muy traumáticas. Al igual que en cualquier regresión, podemos encontrarnos con experiencias de abducción en esta o en otras vidas. Generalmente el origen de las mismas se encuentra en una vida anterior, donde tuvimos el primer contacto con ellos.

Veamos la experiencia de una alumna que llamaremos Marta, del curso de formación en la técnica de regresiones. La regresión fue realizada por otra alumna del curso con mi asistencia:

Vimos una luz que nos paró el coche

—Íbamos con mi marido en el coche por la ruta a Mar del Plata y de repente vimos una luz que nos paró el coche. Mi recuerdo es que estuvo unos minutos, como que de repente hizo así como para arriba, digamos que un vuelo muy fuerte... y que después volvieron a encenderse las luces y todo, y pudimos seguir viaje a Mar del Plata.

—*¿Qué sentiste?*

—¡Qué difícil! Sentí varias cosas: sentí miedo, sentí fascinación, curiosidad, sorpresa...

—*¿Estuviste algún tiempo?*

—Sí, una media hora... pero para mí fue un segundo: mirar, ver qué era eso, y la percepción fue que al momento eso desapareció, como si hubieran sido uno o dos minutos.

—*Cuando cuente tres, vas a estar en esa experiencia. Uno, dos, tres. ¿Por dónde estás viajando?*

—Con mi marido hacia Mar del Plata en la ruta 2, es de noche, vamos muy tranquilos, estamos bien...

—*Sigue avanzando, ¿qué más sucede?*

—Vamos yendo con el coche charlando y en frente del coche se presenta una luz muy brillante, parece que está muy alta, como a la altura de nuestros ojos, enfrente del coche, es muy brillante y parece un plato, un plato volador y... nada... la estamos mirando los dos y se para el coche.

—*¿Qué sucede cuando se para el coche?*

—Mi marido trata de hacerlo arrancar.

—*¿Qué sientes?*

—Un poco de miedo... palpitaciones, el pecho apretado... las piernas tensas... rigidez en el cuerpo...

—*¿Qué más sientes?*

—Como un... como si dejara de sentir el cuerpo...

—*¿Puedes percibir algo más en ese momento en que dejas de percibir el cuerpo?*

—Me siento como flotando... no siento nada...

—*Si lo supieras, ¿qué te hace flotar?*

—Una especie de cono azul de luz.

—*Sigue avanzando, ¿hacia dónde vas flotando?*

—No veo nada, solo la luz azul...

—*Cuando cuente tres, vas a estar en esa experiencia, pase lo que pase todo te va a ser perfectamente claro. Uno, dos, tres. ¿Qué estás experimentando?*

Ante esa consigna, espontáneamente va a una vida pasada donde tiene contacto por primera vez con estos seres.

—Estoy en una montaña... como si fuera una cueva donde hay muchas personas. Estamos esperando, esperando...

—*¿Sabes qué estáis esperando?*

—A la reina.

—*¿A qué reina?*

—Está llegando de otro lado...

—*¿Cómo eres ahí?*

—Soy hombre, soy fuerte...

—*¿Qué relación tiene todo esto con la luz, el plato volador, el cono de luz celeste?*

—Que los estoy esperando.

—*¿A quiénes?*

—A los seres del espacio.

—*¿Esa es la reina?*

—Sí.

—*¿Tú a qué planeta perteneces?*

—A la Tierra.

—*¿A qué se debe que los estés esperando?*

—Que la reina dijo que la esperáramos, que va a enseñarnos cosas… Yo estoy aprendiendo a levantar piedras.

—*Cuando cuente tres, vas a ir al momento en que te encuentras con la reina. Uno, dos, tres. Estás ahí, ¿qué estás experimentando?*

—Como si estuviéramos levantando piedras.

—*¿Cómo las levantáis?*

—Mirándolas, como con una luz azul… y tengo miedo…

—*¿A qué se debe que tengas miedo?*

—No sé, pero siento que me está mirando la reina…

—*¿Qué te trasmite con la mirada?*

—Es como que yo no la veo pero la siento, como si nos estuviera mirando a todos…

—*¿Qué te trasmite?*

—Autoridad.

—*¿A qué se debe que te dé miedo?*

—Que hay gente que no vimos más…

—*¿A ti te pasó eso en esa vida?*

—No, pero me llevaron…

—*Cuando cuente tres, vas a estar en esa experiencia. Uno, dos, tres…*

—Estoy flotando en una luz… estoy como si estuviera sin cuerpo, pero tengo cuerpo…

—*¿Dónde está tu cuerpo físico?*

—Abajo.

—*¿Estás subiendo con el astral?* —El cuerpo astral es más sutil y rodea al cuerpo físico).

—Sí.

—*¿Adónde te llevan?*

—A un lugar como todo… como todo de metal, tienen muchas luces, pero no hay nadie, no veo a nadie, estoy frente a una luz azul…

—*¿Cuál es el momento más terrible de esa experiencia?*

—No sé… es como si estuviera congelada… no sé…

—*Cuando cuente tres, vas a estar en esa experiencia y todo te va a ser perfectamente claro. Uno, dos, tres…*

—Es como si estuviera atada, pero no estoy atada, estoy congelada.

—*¿En qué posición está tu cuerpo?*

—Acostada sobre una luz.

Que utilicen energías desconocidas para nosotros, en lugar de camillas o ataduras físicas, y que la persona tenga la sensación de estar en un lugar que lo relaciona con un quirófano pero ultramoderno es característico de las experiencias dentro de una nave extraterrestre.

—*¿Qué sientes?*

—Me duele la cabeza… como si tuviera un tubo en la frente, como un vapor en la cabeza…

Descripción característica de las personas que sufren maniobras intrusivas para obtención de información u otros experimentos en la nave.

—*¿Qué le hace ese vapor a tu cabeza?*

—La llena de palabras, como de preguntas…

—*¿Cómo sería eso?*

—Como si me preguntaran qué siento… y yo pienso.

—*¿Con ese tubo obtienen la información?*

—Sí…

(Necesitan conocer a los humanos).

—*¿Qué más te hacen?*

—Como… pinchazos en la garganta y el ombligo…

—*¿Qué le hacen a la garganta y al ombligo?*

—No sé... es como si extrajeran algo, como un líquido...

—*¿A qué se debe que extraigan ese líquido?*

—Para saber qué pasó con otra gente...

—*¿Quiénes hacen eso?*

—Los viajeros de la reina.

—*¿A qué se debe que hagan eso?*

—Como si quisieran conocer la vida en la Tierra.

—*¿Para qué?*

—Para controlarla.

—*¿Para qué?*

—Para poder utilizarla cuando la necesiten.

—*¿A qué se debe que te hagan eso? ¿En algún momento prestaste tu consentimiento?*

Parecería que es una ley del orden cósmico, que siempre tengamos que dar nuestro consentimiento de colaboración, aunque sea logrado bajo engaño, venga en letra chica o sea muchas vidas atrás.

—Sí... a la reina.

—*Cuando cuente tres, vas a ir a esa experiencia en que prestaste tu consentimiento. Uno, dos, tres. ¿Qué estás experimentado?*

—Nos manda llamar. Nos explicó que teníamos que aceptar la experiencia de «los hombres del cielo», que nos iban a ayudar a tener agua.

—*¿No teníais agua?*

—Lejos. Y así íbamos a poder hacer caminos para el agua, y que teníamos que venir para aprender.

—*¿Qué hacéis vosotros?*

—Obedecer, obedecemos a la reina.

—*¿En qué momento aceptas lo que ella te propone?*

—En el mismo momento en que ella lo dice.

—*¿De qué manera?*

—Es la obligación, obedecer, es así, ella es la reina y nosotros somos sus esclavos.

—*¿A qué se debe que seas esclavo?*

—Ella es la reina, siempre fue así, siempre obedecí a la reina, todos obedecemos a la reina, ella hacía mucho que reinaba.

—*Cuando cuente tres, vas a ir a la primera vez que obedeces a la reina. Uno, dos... tres, estás ahí, ¿qué estás experimentando?*

—Estoy en ese lugar... con mis padres, mis padres... el pueblo, estamos todos... mirando cómo llegan los «seres del espacio»... y bajan y tengo miedo porque matan a mucha gente... Los vamos a obedecer... tengo miedo... mucho miedo...

—*¿Aceptas obedecerlos?*

—Sí...

Este es el momento en que «firmó el contrato» de obedecer y colaborar. Ahora hay que romperlo.

—*Cuando cuente tres, vas a volver al momento en que estás en la nave, congelada y con agujas en el ombligo y la garganta. ¿Estás dispuesta ahora a terminar con todo eso?*

—Sí...

—*Entonces vas a romper el acuerdo que hiciste. Repite conmigo: «Yo, Marta, rompo y anulo el consentimiento que di para que experimentarais conmigo. Está totalmente prohibido volver a hacerlo, conmigo y mis seres queridos... Yo, Marta, rompo y anulo de forma definitiva e irrevocable el consentimiento que di para que experimentarais conmigo y está totalmente prohibido volver a hacerlo».*

Lo repite.

—*Vamos a sacar todos esos tubos y agujas...*

Los extraigo manualmente. Como en toda extracción chamánica, se trabaja sobre el campo energético; y también hay que extraer, si le pusieron, implantes o chips, para obtener información o manipular su voluntad.

Todavía queda una experiencia por trabajar. Recordad que venía por la ruta en su vida actual, la anterior sirvió para conocer el origen de su consentimiento a los extraterrestres y romperlo.

—*Cuando cuente tres, vas a ir a tu experiencia en tu vida como Marta, donde también te llevaron en el tubo azul. Uno, dos, tres...*

—Estoy congelada.

—*¿Qué te están haciendo?*

—Me miran.

—*¿Qué te trasmiten con la mirada?*

—Que me reconocen.

—*¿Qué sientes?*

—Miedo.

—*Sigue, ¿qué más sucede?*

—Tengo tubos en la cabeza.

—*¿Qué le hacen esos tubos a tu cabeza?*

—Es como si tuviera piedrecillas, como monedas que recogen información, como si sacaran la información de lo que hacemos en la Tierra.

—*Te voy a sacar esas monedas...* —Le hago una extracción manual energética.

—Tengo una presión en el pecho... Siento una presión, como una placa de metal...

—*¿Qué le hace a tu cuerpo?*

—Lo aprieta como si fuera una radiografía o ecografía, es pesada y de metal.

—*Vamos a sacar esa placa...* —La sacamos—. *¿Tienes algo más?*

—Tengo una especie de cordón en las rodillas.

—*¿Qué les hace?*

—No las deja mover.

—*Vamos a cortar ese cordón... Y vas a volver a repetir que rompes tu consentimiento.*

—«¡Yo rompo y anulo el consentimiento que di para que experimentarais conmigo en esta y otras vidas, y os está terminantemente prohibido volver a hacerlo, os está terminantemente prohibido volver a hacerlo de cualquier forma, plano o dimensión, conmigo y con mis seres queridos!». —Lo repite tres veces—. Me veo levantando piedras con luz azul y las piedras se caen porque rompí el contrato.

—*¿Y qué sucede entonces?*

—Como si perdiera «el don».

—*¿Qué sientes cuando pierdes el don?*

—Liberación.

—*¿Sientes que, en tu vida como Marta, puedes perder algún «don»?*

—No.

Realizo esta pregunta porque muchas veces los pacientes no quieren romper los contratos con los extraterrestres por miedo a perder algún poder psíquico, algún don, o el éxito prometido por estos como intercambio por la colaboración en los experimentos. Muchas veces la experiencia de abducción trae como resultado la expansión de la consciencia y el desarrollo de algún «poder», como la videncia psíquica, de cuarta dimensión.

—*¿Cómo te sientes?*

—Tendría que ver cómo unir el cuerpo, porque me siento desunida.

—*¿Qué necesitarías hacer?*

—Bajar al cuerpo.

—*Vas a ir bajando al cuerpo, unir tu cuerpo astral al cuerpo físico... eso es... lentamente...*

Luego de la armonización habitual, Marta regresa a su consciencia física sintiéndose muy aliviada.

Normalmente hay una parte de la experiencia que recordamos, como que «iba en la ruta y vi la luz que detuvo el coche»; el resto que fue olvidado, surge en el estado expandido de consciencia que tenemos en la regresión. ¿Por qué? En parte porque, como sucede con muchas experiencias traumáticas, quedan reprimidas en el inconsciente; y en parte porque ellos hacen que no lo recordemos, borran la memoria, ¡no vaya a ser que nos quejemos de su hospitalidad y nos neguemos a volver!

Tipos de encuentro

Los tipos de encuentros que podemos tener son los conocidos por todos:

√ TIPO I: ver una nave de día o luces nocturnas. A veces iluminan la habitación, una luz muy blanca o bolas de luz.

√ TIPO II: ver rastros dejados por la nave (marcas en el suelo como hierba quemada o con una forma determinada).

√ TIPO III: tener contacto visual directo con los ocupantes de una nave.

√ TIPO IV: abducción. Ser llevado a otro lugar, generalmente a una nave.

√ TIPO V: lo que sucede en la nave, generalmente los experimentos que realizan en nuestro cuerpo astral —el físico queda en su lugar, en la Tierra.

Que recordemos una o dos de estas experiencias no quiere decir que haya sido todo lo que pasó. Los TIPOS I, II y III pueden ser parte de una experiencia mayor, de la cual lo demás ha quedado excluido de la consciencia y también tiene sus consecuencias. ¿Cuáles?

Algunos de los síntomas que puede padecer quien fue abducido son:

Generales: miedo, pánico, fobias, bloqueos, depresión crónica, ansiedad severa… Estos síntomas pueden producirse también por otras causas diferentes.

Más específicos: miedo a las agujas, a las inyecciones, a las vacunas, a los hospitales, a entrar al quirófano, a las operaciones, a ser violado; encontrarse de repente y sin razón —sobre todo al despertar por la mañana— marcas inexplicables en el cuerpo o cicatrices —como tras una biopsia—; trastornos gastrointestinales; cefalea crónica; miedo a la oscuridad, a ser secuestrado, a viajar en avión —no será igual a la nave o la luz en que trasportan nuestro cuerpo astral, pero se parece—; hemorragias nasales frecuentes en los niños (por chips para recabar información que pueden dejar después de la abducción); *lapsus:* amnesia breve temporaria (es cuando sucede lo que luego no recordamos); la sensación de «despertarse y sentir que se está paralizado» o que no podemos abrir los ojos; el recuerdo de «presencias» o de verse rodeado en la habitación por «hombrecitos», la sensación de ser controlado u observado (descartando los casos de delirio paranoico en psicosis); reacción de miedo o ansiedad al leer o escuchar algo sobre extraterrestres (películas, libro, este capítulo... ¿Os está pasando ahora?); sensación intensa y angustiante de tener que «hacer algo importante» y no saber qué es (esto lo podemos confundir con el «propósito de vida», pero es muy diferente: en este caso es la consecuencia de que nos den una orden de hacer algo para colaborar con ellos una vez dejados nuevamente en el cuerpo físico después de la abducción); algunas curaciones inexplicables (que realizan *ellos* de enfermedades que *ellos mismos* provocan)...

Quien viene a la consulta puede tener un recuerdo de un encuentro cercano de primer o segundo tipo, como le pasó a Marta, y querer saber qué fue lo que realmente ocurrió en esos minutos o esa media hora, y si tiene relación con un síntoma que padece hace mucho. O puede ser que alguien consulte por alguno de los síntomas arriba mencionados y, al decirle que vaya a «la experiencia responsable de los mismos» cuando le hacemos la regresión, nos encontremos con una abducción.

Una comunidad desesperada realiza un pacto

Cuando Luciana viene a verme, me comenta que tiene un extraño miedo a ser «separada de su familia», aunque no tiene una historia de abandono o alguna experiencia similar que lo justifique... y mucho menos tiene que ver con su situación actual. Pero esto le trae una gran angustia y algunas pesadillas desde niña. Le digo que se recueste cómodamente y cierre los ojos. La guío en una relajación profunda para que entre en un estado ampliado de conciencia y pueda recordar, revivir cuál es la experiencia responsable de este extraño miedo...

—*Cuando cuente tres, vas a ir a esa experiencia, la experiencia responsable del «miedo que te separen de tu familia». Uno, dos, tres. ¿Qué estás experimentando?*

—Yo no quiero ir...

—*¿Adónde no quieres ir?*

—Ahí... es una nave... pero vamos todos los niños del pueblo... Somos entregados.

—*¿Quién te entrega?*

—Las familias... cada familia entrega a sus hijos porque hay un acuerdo.

—*¿Qué acuerdo hay?*

—Hay un acuerdo de la comunidad donde vivimos.

—*¿Qué comunidad es esa?*

—Es una aldea, en la que, para poder subsistir, hicieron un acuerdo... El agua, lo florido de la naturaleza, los animales, todo eso es por un acuerdo que hay con gente de otra galaxia.

—*Cuando cuente tres, vas a ir un poco más atrás, al comienzo de ese acuerdo. Uno, dos, tres... ¿Qué estás experimentando?*

—Lo que veo es como el patriarca de la comunidad. Había una sequía grande, estaba todo mal, la gente se moría...

—*Sigue.*

—Aparecieron estos, con forma humana, pero tienen como así para atrás muy puntiaguda la parte de los ojos, eso es como lo más raro...

—*Sí, sigue...*

—Y nada... Gente muy bondadosa, parecía. El acuerdo es la prosperidad. Pero va a haber períodos de tiempo... Como cada cien años una cosa así, en que ellos van a venir a buscar a los niños de esa edad.

—*¿De qué edad?*

—Once años... y a todos los llevan.

—*Cuando cuente tres, vas a ir al momento en que te llevan a ti. Uno, dos, tres...*

—Yo no quiero ir... yo no quiero ir... Yo miro a mi madre y le digo que no quiero ir y ella llora... Pero bueno, somos muchos chicos, somos como cuarenta y vamos en ese puente que sube... a una nave. Nos vamos caminando y toda la comunidad nos despide... Ese es el acuerdo... Pero yo no quiero ir, es como si supiera que algo malo va a pasar ahí adentro... Y nos vamos y llegamos adentro de esa nave.

—*¿Cómo es la nave?*

—Es un óvalo... Tiene vidrios y un metal de aleación, tiene grandes pasillos... No se ve a nadie, el monitoreo que ellos hacen es a través de las paredes. Es como una corriente que corre, que si tú te sales de tu canal te da una descarga en la columna vertebral

—*Sí... sigue.*

—Nos van separando por los rasgos... No sé, te escanean y te van separando... Estoy en una mesa... estoy boca arriba sujeta por las manos y los pies con unas agarraderas, hay como si fueran las patas de una araña gigante... que te pincha, pero yo me resisto, no quiero eso... Me muevo, pero sigo apresada... Veo dos ojos arriba que me miran, pero ellos me inspeccionan en realidad... es una inspección. Entonces, cuando me muevo, me acercan como un láser a la cabeza y me inspeccionan el cerebro... Me miran toda... me meten una cosa en la oreja... ¡Es horrible! Es un láser que te penetra y te abre la cabeza por dentro... te iluminan la cabeza, te ven el cerebro.

—*¿Sabes a qué se debe que te hagan todo esto?*

—Quieren hacer una extracción en la parte del hipotálamo, porque ahí en la adolescencia hay mucha hormona, quieren las hormonas.

—*¿A qué se debe que quieren las hormonas?*

—Porque con eso fertilizan. Todo lo que nos dan a nosotros en la Tierra lo hacen con las hormonas que nos sacan a nosotros... Y nos estudian.

—*¿Para qué os estudian?*

—No entienden...

—*¿Qué no entienden?*

—No entienden las emociones... entonces te manipulan... Te apagan y te encienden, te apagan y te encienden, y según eso te cambia la emocionalidad, entonces ellos aprenden... ¡Ahh! No sé cuál es el fin último, supongo que la conquista.

—*¿La conquista de qué?*

—Y... ellos quieren conquistarlo todo, la Tierra.

—*¿Y qué necesitan para poder conquistar la Tierra?*

—Ellos... quieren conocer la psicología del hombre, la emocionalidad, no va a ser una guerra con armas.

—*¿Cómo va a ser esa guerra?*

—Va a ser un sometimiento. Van a venir y nos van a dominar la mente y después vamos a ser esclavos de ellos, nada más, como ya es en la aldea de la que yo soy.

—*¿Y dónde es esa aldea?*

—Es... una aldea inglesa en la época antigua... Había mucha miseria, mucha desesperación. Me duele mucho el brazo.

—*¿Te hicieron algo en el brazo?*

—Me pusieron un catéter. Cuando termina una de las sesiones yo me escapo, salgo corriendo... Pero no sé a dónde ir, quedo ahí en la nave... Veo a otros chicos enjaulados como con tubos conectados en la columna vertebral. La nave no se va de la aldea, queda como elevada, pero queda ahí... lo que pasa es que cambia de color, se camufla con los colores, entonces yo puedo ver la aldea, estamos prisioneros ahí... no sé cómo salir de ahí. Estoy golpeando el vidrio de la nave porque quiero que los de fuera vean que estamos ahí y las cosas que nos hacen para que no nos dejen ir más... todos moríamos ahí.

—*Cuando cuente tres, vas a ir al momento de tu muerte en esa vida y vas a saber cómo termina todo eso. Uno, dos, tres. Estás ahí, ¿qué estás experimentando?*

—Estoy experimentando una descarga eléctrica. Me vibra todo el cuerpo. Es una descarga rápida y te mueres al instante.

—*¿Qué pasa contigo cuando muere tu cuerpo? ¿Qué pasa con tu alma?*

—Mi alma se levanta y empieza a rebotar contra las paredes de la nave... rebota... rebota... rebota, y no encuentra la manera de salir, quiere salir... rebota, da vueltas... sigue ahí...

—*¿No puedes salir de ahí?*

—No puedo...

—*Como esa parte de tu alma sigue ahí, voy a pedirle a Dios Madre-Padre que envíe su luz para venirla a buscar.* —Toco la campana—. *Fíjate si la Luz que viene del universo, de la fuente divina de Dios Madre-Padre, puede atravesar esa nave para buscarte...*

—Sí, puedo salir, voy para arriba.

—*Sigue ascendiendo hacia la fuente de la Luz y avísame cuando hayas llegado.*

—Llegué.

—*Fíjate si te recibe algún Maestro, algún Guía... ¿Te dicen algo de toda esa experiencia?*

—Llego a un lugar lleno de almas... Siento que alguien me abraza.

—*¿Qué te transmite con ese abrazo?*

—Que me felicita, pasé una prueba. Logré algo.

—*¿Qué fue lo que lograste? ¿Por qué pasaste por esa experiencia?*

—No entiendo bien, es algo relacionado con la fortaleza, como que tuve coraje, fortaleza...

—*Cuando cuente tres, vas a ir a la última vez que tuviste contacto con estos seres. Uno, dos, tres...*

—Estoy en mi casa de mi vida como Luciana, tengo seis años y siempre es lo mismo: cuando duermo se me acercan, siento algo en el pecho… Siento la misma punta de la araña, no puedo ver la forma, lo siento… Hay algo que me pusieron y ahí está el contacto, cuando quieren contactar conmigo vienen a ese lugar en el pecho, y ahí abren… Como que un poco les pertenezco a ellos…

—*¿A qué se debe que les pertenezcas?*

—Que yo en esta vida sobreviví a cosas que me pasaron en la infancia y de eso no me tengo que olvidar… Ellos dicen que me salvaron, que hubiese sido peor si no me hubiesen protegido.

—*¿Cuándo te lo dicen?*

—Cuando quiero liberarme, cuando quiero hacer aquello que yo quiero, pero no puedo hacerlo porque, si yo uso mucha energía, no tengo energía para que ellos me saquen…

—*¿Quieres terminar con todo eso?*

—Sí.

—*Entonces vas a romper el acuerdo. Eso que permite que experimenten contigo, ese acuerdo tácito de cuando pertenecías a la aldea. Vas a repetir en voz alta conmigo: «Yo, Luciana, rompo y anulo el consentimiento que di para que experimenten conmigo. Rompo y anulo en forma definitiva e irrevocable para esta y otras vidas el acuerdo que hice, el consentimiento que di para que experimenten conmigo. Está totalmente prohibido volver a hacerlo, está totalmente prohibido volver a experimentar conmigo en cualquier forma o dimensión, con mi cuerpo físico o mi cuerpo astral, está totalmente prohibido volver a contactarme».* —Lo repite ella tres veces—. *Vamos a sacar todos los chips que te hayan puesto… ¿dónde los tienes?*

—Lo tengo todo por aquí … —Señala parte del pecho, la cabeza.

Extraigo manualmente los implantes con técnicas de sanación energética. Generalmente el paciente se da cuenta de dónde tiene los chips y qué le producen (ya que a veces traen molestias físicas o emocionales) y qué le hacen con esos chips: si son para contacto, para guardar información, para dominar la voluntad, etc. En caso de que el paciente no sea consciente de todos los chips, yo superviso si le quedó alguno en alguna parte del cuerpo a través del método del péndulo, que me brinda esa información.

—Me queda uno en medio del cerebro... —Lo extraigo.

—*¿Ya lo saqué?*

—Sí... Ahora siento que tengo agujeros en la columna, no sé si tengo chips ahí.

—*Ponte boca bajo para poder examinar tu columna. —Sano energéticamente y retiro más implantes.*

—Sí, ahora siento que ya está.

—*Bueno, ahora vas a elegir un color para armonizarte, ¿qué color eliges?*

—Violeta.

Si bien normalmente los pacientes que recuerdan haber tenido abducciones extraterrestres dicen que esta se realiza solo en el cuerpo astral, o sea que el cuerpo físico no se mueve de lugar, a veces hay algunos testimonios, como en esta regresión, donde reportan haber sido llevados con el cuerpo físico. Y por eso, como cuenta Luciana, la nave se mantenía muy cerca de la aldea. Tal vez esto sucedía solo en épocas lejanas, pero la abducción en la vida actual, a pesar de ser una suerte de continuación de las primeras abducciones, debido a que no se había roto el contrato, fue con el cuerpo astral. Idealmente, según la ley cósmica, al romper el contrato, estas ya no continúan, pero siempre es mejor mantenerse alerta y rechazar conscientemente cualquier otro intento.

¿Qué lugar ocupan los extraterrestres en el plan divino?

La primera vez que escuché sobre este tema, yo estaba en pleno duelo y muy necesitada de encontrarle un sentido no solo a la muerte, sino también a la vida. Y me pregunté: «¿Dónde está Dios en todo esto?, ¿dónde el orden divino? ¿No estamos solo nosotros y

Dios en el universo? Si somos manipulados fácilmente por «seres de las estrellas» que confundimos con dioses o ángeles, ¿dónde está el Plan Divino donde todo encaja, donde todo adquiere sentido?, ¿dónde está Dios como Padre o Fuente y sostén de la vida?». De golpe sentí que solo había caos en el universo, la pérdida de sentido y de esperanza.

Pero Dios se apiadó: al poco tiempo hice una regresión, dentro del curso en el que me estaba formando, y comprendí. Vi, me mostraron, que los extraterrestres que mencionamos están en cuarta dimensión. Y si hiciera un dibujo de mi visión, los colocaría muy cerquita de la Tierra, casi como hermanos nuestros, vecinos, haciendo también su evolución, como países o reinos que pueden invadirse mutuamente para su supervivencia, o a causa de la avaricia de sus gobernantes, o estableciendo pactos entre los poderes... una especie de Guerra de las Galaxias. Y mucho más arriba, en dimensiones más elevadas, están los que llamamos Seres de Luz, la dimensión de los seres trascendidos que colaboran con nuestra evolución. Y todo es parte del Orden Divino...

¿Pudimos venir de otras dimensiones?

Sandra viene con una sensación de «no poder dejar de hacer tantas actividades, de dar y dar hasta el cansancio».

Al llevarla al origen de sus síntomas, me cuenta que se ve en una civilización tipo la Atlántida u otro planeta, pero en otro plano de consciencia donde no existía la dualidad, y vinieron extraterrestres a proponerles experimentos para que conocieran «los opuestos». Ella era el jefe de ese planeta o grupo de gente, y tomó esa decisión por todo el pueblo.

—Total... Estoy aburrido de la paz. Estaba bastante aburrido de que todo estuviera bien aquí... En realidad, es como otro planeta donde todo es sin dualidad. Vienen los extraterrestres de cabeza grande y nos convencen. —Después se siente culpable. Le da la sensación de que los engañaron—: Nos ponen un tubo en el estómago para sacarnos energía que queda atrapada. Almacenan energía en tubos cuadrados.

—*¿A qué se debe que hayas pasado por esa experiencia?*

—Sentía soberbia y omnipotencia al estar en planos altos, tenía que ir a planos más bajos para aprender a no aburrirme de la inacción. Ahora entiendo que no era mi responsabilidad: yo era una chispa (de la consciencia divina) como las otras. Ya entendí que el espectro está protegido. No hay vida ni muerte, hay sucesos en onda para experimentar y evolucionar. El enfado, la adaptación o el miedo son parte de este plano (de dualidad). Estamos protegidos porque todo pasa con un techo y suelo acotados. Es un movimiento oscilante. En ese plano fue un pensamiento que adopté por muchas vidas (por eso siguió reencarnando en el planeta Tierra). Conocí la muerte por primera vez. Voy a la nave de los extraterrestres y me ponen en el tubo y siento el dolor por primera vez. Ya voy a poder estar bien aquí (en la Tierra).

Hay quienes dicen que el planeta Tierra —indudablemente una dimensión donde existen la dualidad y las experiencias del dolor y el placer, la muerte física y el nacimiento— es una escuela de aprendizaje intenso a la cual han venido, y por un tiempo más seguirán viniendo, muchas almas que necesitan atravesar esas experiencias para su evolución. Esas almas, o sea, nosotros mismos, pueden ser originarias de este mismo planeta o ser inmigrantes de otras galaxias.

La Atlántida. ¿Y si fuimos extraterrestres?

Dicen que fue una de las primeras ciudades en la Tierra y que, por algún motivo, se hundió en el mar, aunque muchos de sus habitantes lograron sobrevivir emigrando a diferentes zonas del planeta. He presenciado varias regresiones a la Atlántida, y todas coinciden en el gran avance tecnológico y científico y en el contacto con seres de otros planetas. Las personas que revivieron su destrucción describieron las aguas entrando y destruyéndolo todo.

Este es el testimonio de una alumna del curso de regresiones, en el cual hace referencia a su última práctica:

Hace muchos años que vivo en la ciudad de Buenos Aires, que admiro por todo lo que tiene y por tantas posibilidades que nos da. Pero siempre siento algo que me incomoda en esta ciudad. Soy de Tandil, también viví en distintas provincias de Argentina, hasta que decidí quedarme aquí. La historia puedo decir que comenzó desde muy chica, cuando sentía una «sensación de extrañar alguna ciudad que no conocía». También sentía una nostalgia por amigos y familiares que no son los que tengo, así que, después de un tiempo largo, llegó el día para saber qué pasaba con todo eso, que además me producía una angustia que siempre me acompañaba. Comenzó mi regresión asistida por mis compañeras del curso, contándoles que el síntoma que necesitaba trabajar ese día era la incertidumbre de saber si iba a poder trabajar con las terapias de vidas pasadas o tal vez encaraba mi futuro con un negocio que tengo pensado abrir.

Así describe su regresión:

Entrando con una relajación, me encontré visualizando el planeta Tierra, bajando en una nave al centro del océano, donde vi una gran energía que salía de allí. Supe que era la Atlántida. Esa extensa zona transmitía mucha luz y, sintiendo que me iba acercando cada vez más, pude llegar hasta una costa donde vi el mar. Continué volando a gran velocidad en esa nave y me acerqué a unos edificios enormes. En ese momento sentí gran angustia porque me di cuenta de que ahí tenía familiares y amigos que iba a perder, porque las

ciudades empezaban a romperse como en un cataclismo o algo parecido. Seguí con la angustia por la pérdida y por saber que iba a
desaparecer. Seguí volando, acercándome y alejándome, sintiendo
todavía una felicidad inmensa por poder volar a esa velocidad.
Pude ver mi cuerpo, que era muy alto y delgado, y mi cabeza muy
grande. Luego me fui, seguí en la nave, a gran velocidad, por los
planetas y por el espacio... Terminada la regresión, todavía siento
ese lugar en el que fui tan feliz. Un abrazo grande, y ¡¡¡gracias por
este año hermoso de aprendizajes!!!

A. C.

Quisiera agregar que, mientras hacía la regresión y lloraba muy
triste porque veía desde su nave cómo se destruía la Atlántida, repetía
una y otra vez: «Eran tan buenos, eran tan buenos... era tan feliz en
ese lugar... ».

Cabe recordar que los pueblos originarios hablan del consejo de
ancianos, que son sus ancestros venidos «de las estrellas» He visto una
imagen parecida a un cohete en un templo egipcio y el dibujo del
«astronauta» al sobrevolar las líneas del desierto de Nazca, en Perú.
Nadie sabe quién realizó esos trazos ni por qué lo hizo, y menos aún
cómo, cuando su forma solo puede verse desde un avión. Maurice
Chatelain, en su libro *Nuestros ascendientes llegados del cosmos*, escribe
así:

Hace aproximadamente 2700 años, hacia el 580 antes de nuestra
era, Solón, el gran ateniense, después de haber dado a su ciudad las
leyes que lo hicieron célebre, decidió ir a tomarse unas vacaciones a
Saïs, que por entonces era la capital de Egipto y el centro de reu-
nión de los intelectuales de la época. Allí coincidió con el gran sacerdote Sonchis, que le mostró una gran parte de sus archivos, algunas
de cuyas cosas se remontaban a millares de años atrás, y le contó
una historia apasionante. Esta historia que algunos consideran pura

mitología, fue contada por Solón a su sobrino Dropides, quien la transmitió a sus descendientes. Uno de estos se la dio a conocer a Platón y el filósofo nos las transmitió en dos de sus famosas obras, *Timeo* y *Critias*.

La historia en cuestión es la leyenda de la Atlántida. Personalmente yo estoy convencido de que la historia es completamente verídica y de que un día serán encontradas las ruinas de la Atlántida lo mismo que se han hallado las de Troya, Micenas, Tirinto y Cnosos, lugares que muchos estimaban que solo habían existido en la imaginación de los hombres. Mientras esperamos a que sean localizadas esas ruinas, puede resultar interesante hacer una recapitulación de cuanto sabemos hoy sobre el tema sirviéndonos de nuestros datos para intentar persuadir a los que todavía se muestran incrédulos. Según Sonchis, unos 9000 años antes de su época, o sea unos 9700 antes de nuestra era, había en medio del Atlántico frente a las columnas de Hércules, es decir, del Estrecho de Gibraltar, una isla inmensa que se llamaba la Atlántida y cuya capital era Poseidonis. Esa isla, mayor que el África del Norte y el Asia Menor juntas, se encontraba habitada por los atlantes, pueblo de origen misterioso, con una civilización muy avanzada, pues sus representantes estaban familiarizados ya con la astronomía, las matemáticas, la irrigación y la metalurgia.

El misterio de la Atlántida, como el de otras civilizaciones de las que sí tenemos evidencia, como la maya, nos lleva a interrogarnos por la posibilidad del avance técnico y científico que tenían estas culturas para la época —desmesurado, por cierto—. ¿Cómo es posible que los egipcios hayan construido esas pirámides tan perfectas con un mecanismo arquitectónico todavía no del todo develado? ¿Cómo es posible la exactitud matemática de los mayas, su astronomía, sus grafías y diseños, por ejemplo, en la tumba de Pacal Votan, donde se ve al rey como a bordo de una extraña nave? ¿Y nuestra consciencia de los viajes en el tiempo? ¿No será que nosotros mismos somos o fuimos extraterrestres, una gran mezcla de razas venidas de las estrellas?

En una civilización precolombina

En una de las prácticas con regresiones en uno de los cursos de formación de Terapia de Vidas Pasadas con Orientación Chamánica que dicto, Roberto es el paciente y Magdalena la terapeuta, otra compañera ya titulada es la asistente, y yo soy la supervisora.

Roberto dice que se sintió muy inquieto en la clase teórica sobre extraterrestres, así que desea comenzar su regresión con esa sensación. Magdalena le hace la relajación guiada habitual para que se relaje y pueda expandir su conciencia para ir a la experiencia responsable de esa sensación de inquietud:

—Tengo una sensación volátil, como si estuviera suspendido en el aire...

—*¿Estás solo o acompañado?*

—Como con una energía que me envuelve y me sostiene... Me duele la rodilla.

—*¿Sabes qué está sucediendo?*

—Hay gente que me observa. Siento que hay gente, pero no puedo verlos... Tengo un aparatito metálico en la rodilla

—*Cuando cuente tres, vas a ir al comienzo de toda esta experiencia. Uno, dos, tres...*

—Hay una luz arriba, algo me absorbe... Yo estoy en un campo y veo pasar una nave.

—*Sigue...*

—Estoy mareado, como si esa luz me hubiese hecho un efecto. Me quedo ahí en el árbol hasta que se me pasa.

—*¿Qué edad tienes?*

—Dieciocho... Después fui a casa...

—*¿Es en tu vida como Roberto o en otra vida?*

—En otra vida.

—*¿Y qué hiciste?*

—Se lo dije a mi familia.

—*¿Y te creyeron?*

—Sí, porque vivimos en el campo y en el campo a veces pasan cosas raras.

—*Cuando cuente tres, vas a ir a la experiencia responsable de que te sientas mareado y como flotando. Uno, dos, tres.*

—Estoy en el árbol medio mareado y veo un ser flaco y luminoso. Estoy escondido… ¡Ay! me duele aquí atrás…

—*¿A qué se debe que te duela ahí atrás?*

—No sé.

—*¿Qué piensas que es?*

—Ahí hay un ser tras de mí que me está haciendo algo en la espalda, como con un rayo… Me absorbe… ¡Ay, es horrible!… Tiene una cara extraña… Me desmayé me parece, en el suelo… ¡Me llevaron! Estoy como desmayado…

—*¿Qué sientes?*

—Miedo.

—*¿Qué más te hacen?*

—Me tumbaron para abajo.

—*¿Qué más?*

—De espaldas, pero no sé qué es… En el omóplato algo me están haciendo… estoy como adormecido…

—*¿Te están poniendo algo?*

—Un tubo que no sé adónde va… Me ponen un producto… Como un líquido o un gas… un líquido, pero etéreo… Me duele el omóplato, el cuello…

—*A la de tres, vas a ir al primer contacto con estos seres para ver si tú diste tu consentimiento. Uno, dos, tres…*

—No sé dónde estoy, veo arañas, bichos…

—*¿Dónde estás?*

—Una cueva… son insectos… no sé si soy un ermitaño, pero estoy en una cueva… Me amenazan, me imponen pensamientos que vienen como de una luz de fuera. Yo estoy acurrucado… Pinto las paredes en esa cueva… Y dicen que los pinte… Los pinté arriba de todo y yo no quiero… que los pinte ahí arriba, me dicen… Les digo que los voy a pintar. Se están yendo…

—*¿Cuál es el momento más terrible?*

—Cuando aparecen. Ellos me observan… Yo tengo algo aquí —se señala el hombro— y ellos me pueden ver…

—*Cuando cuente tres, vas a ir a la primera vez que los ves. Uno, dos, tres…*

—Hay un pozo muy profundo… Adornos metálicos colgados, son míos. Tengo poder, soy importante… Soy como de una cultura precolombina… no sé si maya, pero un estilo parecido… Hay gente detrás de mí porque yo soy importante… En el pozo están ellos, yo voy a ir a hablar ahora… están esperando… Estoy yendo, la gente que estaba conmigo queda atrás… porque solo me dejan entrar a mí…

—*¿Eres hombre o mujer?*

—Soy mujer. Yo no tengo miedo, yo quiero poder, conocimiento… Me dicen que yo tengo que cumplir con ellos… Quieren que les dé gente, que haga lo que ellos me dijeron.

—*¿Estás decidida ahora a romper ese pacto?*

—No, no lo quiero romper… Tengo algo en el hombro que me duele, pero no sé lo que es…

—*¿Te hizo bien el pacto con ellos?*

—En ese momento sí, porque tenía que gobernar y me dieron mucho poder, la gente me tenía miedo…

—*¿Y después?*

—No lo sé… Lo que pasa es que yo les prometí que les iba a hacer favores.

—*¿Y qué ganaste?*

—Conocimiento, poder, respeto…

—*Pero ahora te duele el hombro… Puedes romper el pacto, ya no los necesitas.*

—Pero yo los fui a buscar… No sé si los puedo dejar… ¡Ay! Me duele aquí, no sé que tengo… —Señala el omóplato.

—*Cuando cuente tres, vas a ir al momento en que te proponen el pacto y lo vas a romper. Uno, dos, tres…*

—Rompo y anulo en forma irrevocable el consentimiento que di para que experimentarais conmigo… en esta y otras vidas… —Roberto repite lo que Magdalena le había indicado—. Me miran con ojos horribles y dicen que yo no di el consentimiento, que yo los fui a buscar.

—*Diles: no quiero más vuestra ayuda, os prohíbo que experimentéis conmigo en esta y otras vidas…*

—¡Uy! Me dicen que no están experimentando, que me están observando…

—*Diles que les prohíbes hacer cualquier cosa en tu cuerpo físico o energético.*

—Os prohíbo que me hagáis cualquier cosa en mi cuerpo energético o físico, os prohíbo que me utilicéis para hacer vuestras cosas y observaciones… Me dicen que ya hicimos un trato.

—*Diles que rompes el trato.*

—¡Uy! Rompo y anulo el trato para que experimentéis y me observéis… Me están echando.

—*Bien, sigue entonces: está totalmente prohibido experimentar en cualquier forma, plano o dimensión conmigo…*

—Os está prohibido experimentar en cualquier forma o dimensión conmigo… Me están echando… Pero tengo esto… estoy corriendo. Estoy gritando… pero me duele aquí, no sé qué tengo ahí…
—Señala el omóplato.

—*Cuando cuente tres, vas a ir al momento en que te ponen el tubo ahí…*

—¡No, no quiero ir más, están enojados! Tú me dijiste que iba a estar bien...

—*Ahora te voy a sacar el tubo que tienes ahí.* —*Magdalena lo extrae manualmente con sanación chamánica*—. *Saco el tubo, saco líquido... ¿Se fue todo?*

—Sí, pero me quedó dolorido... quemado.

—*Lo voy a curar* —*Se lo cura energéticamente.*

—Me duele... tengo aquí algo de metal...

—*Uno, dos, tres...* —Lo saca manualmente—. *¿La rodilla está bien ahora?*

—Está débil.

Magdalena hace una sanación energética de su cuerpo.

—*¿Está bien ahora?*

—Sí.

—*¿Hay algo más que necesites hacer?*

—No, pero quedó un hilo en el hombro...

Magdalena lo extrae manualmente:

—*¿Estás bien? ¿Ya está?*

—Sí.

—*Vas a elegir un color para armonizarte. ¿Qué color eliges?*

—Verde.

—*Siente cómo la vibración del color verde envuelve todo tu cuerpo por dentro, por fuera, sanando, limpiando, purificando todo tu ser, llenando de luz todos los espacios antes ocupados por esos implantes, borrando todas las imágenes de las experiencias pasadas, apagando las emociones y sensaciones, liberándote definitivamente de todo eso. La vibración del color verde trae una nueva vibración a tu vida...*

No pretendo que estas regresiones revelen todos los misterios, pero pueden darnos una idea aproximada complementando e ilustrando las diferentes teorías acerca de los extraterrestres que aparecen pintados en pirámides, dibujados en las líneas de Nazca... en fin, entrelazados con los mitos de la creación y con la historia de nuestra civilización. Es un tema que aún hoy tiene muchos seguidores. Creamos o no en ellos, no podemos negar la gran fascinación, miedo, rechazo o adoración que ejercen en casi todos los seres humanos. Tan solo por ello vale la pena prestarles atención. Hasta las religiones los mencionan para estar a favor o en contra y haciendo diversas interpretaciones de ellos, como que son los ángeles de ahora y sus naves los carros que andan por el cielo sirviendo de transporte a las huestes angélicas, negando completamente su existencia o aceptando que tal vez haya vida más allí de nuestro planeta.

¿Son buenos, son malos? Como dijimos al principio: puede haber de todo. Y cuando una persona relata una experiencia traumática en contacto con seres de otros planetas, al trabajar con regresiones, lo tomamos como una experiencia más. Y con esto quiero decir, que si la experiencia es invasiva, dolorosa, desagradable, forzada y/o sin la autorización expresa de la persona que la padece, voy a ayudarla a que pueda recordar qué es realmente lo que está sucediendo en estos encuentros. Que pueda revivirlo y liberarse de ellos simplemente revocando el pacto que en algún momento hizo para permitir que la abdujeran. Muchas veces esto no es nada fácil, ya que los extraterrestres suelen borrar de la memoria estos encuentros y tienden a convencer a los seres humanos de que estos experimentos son necesarios para salvar la humanidad. Incluso muchas veces logran que no sean dolorosos, ya que trabajan normalmente con el cuerpo astral, y hasta pueden hacerlo sentir placenteros o al menos la parte que permiten a la persona recordar.

Mucha gente los consideran sus salvadores, como una escapatoria a los sufrimientos de la vida cotidiana, por eso, como veremos con Marina, hasta piden irse con ellos.

Quiero que los extraterrestres me lleven

Marina, una mujer de sesenta y dos años, viene a consultar porque tiene malestares físicos desde hace mucho tiempo y, preguntándole, me cuenta sobre unos sueños extraños que se le repiten. Decido comenzar la regresión a partir de uno de sus sueños. Como siempre, le indico que se recueste, cierre los ojos y se relaje. La guío en una relajación donde voy contando del diez al uno, y le indico a su alma que vaya a la experiencia responsable de ese sueño. Comienza relatando el sueño:

—Una cama, dos mangueras… en el ombligo.

—*¿Cómo son esas mangueras que están en el ombligo?*

—Finas con rayitas blancas.

—*Sí…*

—Se doblan, se esconden atrás de la puerta del vestidor.

—*¿De qué material están hechas estas mangueras?*

—De goma, parece algo así como manguera de goma… creo… Pero hay dos atrás, siento que hay dos seres atrás… escondidos.

—*¿Dónde están escondidos esos seres?*

—En el vestidor…

—*¿Cómo son esos seres que están escondidos en el vestidor?*

—No los veo, pero los presiento…

—*¿Cómo presientes que son?*

—Pequeños, medios verdosos, con ojos grandes… Delgados… Bajitos… Después sentía que no podía respirar, no podía moverme… no podía hablar… Estaba así boca arriba…

—*¿Sabes qué está pasando? ¿A qué se debe que estén esas mangueras ahí? ¿Qué le está pasando a tu barriga?*

—No sé… Me están sacando algo… Absorbiendo algo… No sé…

—*Siente cómo te absorben algo, ¿qué te están absorbiendo?*

—No sé. —Llora.

—*Deja salir todo eso*— Llora de nuevo—. *¿Sabes qué te están sacando?*

—No sé, algo de mi cuerpo… —Lo dice llorando.

—*¿Y qué le hace a tu cuerpo que te saquen esto?*

—No siento dolor, nada, siento que me voy para abajo... —Llora—. Llegó hasta la mitad de la barriga... y la manguera se movía para abajo... pero ellos estaban tras las paredes.

—*¿Te transmiten algo estos seres?*

—Me está doliendo la barriga.

—*Eso es, siente eso...*

—Quería gritar y no podía.

—*¿Por qué no puedes gritar?*

—No me podía mover, no podía hablar... Sentía todo mentalmente, pero no me dejaban hablar, moverme.

—*¿Quién no te dejaba hablar?*

—Ellos... Estaba como adormecida.

—*Cuando cuente tres, vas a ir al comienzo de esta experiencia y todo te va a ser perfectamente claro. Uno, dos, tres. Estás ahí, ¿qué estás experimentando?*

—Estoy en la cama con las mangueras puestas dentro del ombligo, no me acuerdo de cómo fue esto...

—*Cuando cuente tres, vas a ir a la primera vez que te encuentras con estos seres ya sea en esta vida o en otra vida, a la primera vez que tuviste contacto con estos seres, a aquella vez que diste tu consentimiento para que puedan experimentar contigo. Uno, dos, tres...*

—Me llevan...

—*¿Dónde estás cuando te llevan?*

—No sé, en un lugar...

—*¿Es en esta vida o en otra vida?*

—No sé, soy una adolescente... Hay un muchacho rubio a mi izquierda que me lleva de la mano a un lugar donde hay una puerta... y de ahí salía una manguera y me la ponían en la barriga, y me sacaban algo de allí como si fuera... No sentía dolor, nada, no tenían miedo tampoco... Me traían algo, como si estuviese embarazada, no sé... era una puerta, así que salía algo y ahí me absorbían eso... Se me abría la barriga y me sacaban algo de ahí.

—*¿Qué sientes cuando te están haciendo todo esto?*

—No sentía dolor, nada, ni temor, no tengo miedo…

—*Ahora vas a ir más atrás todavía, a la primera vez que tuviste contacto con estos seres. Uno, avanzando muy lentamente… Dos, un poco más, y tres… estás ahí, ¿qué está pasando?*

—Era pequeña… Estaba acostada y no estaba dormida, cerré los ojos y cuando los abrí estaba un ser mirándome, feo, rosado, rojizo… No sé de qué color… Tenía las orejas largas, la nariz grande… Cuando cerré los ojos y los volví abrir, ya no estaba…

—*¿Que sientes cuando lo ves?*

—No tuve miedo, no tengo miedo. —Lo dice con voz llorosa.

—*Ahora vas a ir más atrás todavía, a la primera vez que los viste. Al verdadero origen de todo esto. Uno, dos, tres. Estás ahí, ¿qué está pasando? Di lo primero que te aparezca…*

—Un lugar extraño y yo corriendo, corriendo. Montañoso. Elevaciones onduladas. Y yo trataba de esconderme porque me perseguía alguien…

—*¿Quién te perseguía?*

—Ellos, esos seres feos.

—*Ahora vas ir un poco más atrás, antes de estar ahí. Uno, dos, tres. ¿Dónde estás?*

—En un lugar extraño siempre… Como en una película de ciencia ficción… Un lugar distinto, no es la Tierra, es un lugar extraño…

—*Cuando cuente tres, vas a ir a momentos antes de llegar a ese lugar extraño, vas a permitir que tu alma te recuerde ese momento.*

—Tengo recuerdos bloqueados, no me puedo acordar… Todas las cosas feas las bloqueo…

—*Ahora necesito que entiendas que tu alma necesita pasar por esta experiencia, desbloquear esos recuerdos ahora. Es el momento de sanar. ¿Cómo los bloqueaste?*

—Dije: «Nunca más voy a recordar esto».

—*¿Qué edad tienes cuando dijiste: «Nunca más voy a recordar esto»?*

—Nueve años, en mi casa, en el comedor… Me acuerdo de mi padre que me regaña. —Llora.

—*Deja salir todo eso…*

—Me empuja contra la pared, mi hermana me dijo que me desmayé —Llora—. No sé por qué él no me quería… Se ríe y dice que va a ir a buscar el cinturón… Sentía mucho rechazo por parte de él. No me quería…

—*¿Y qué relación puede tener todo esto con aquellos otros seres?*

—Los extraterrestres no me rechazan, siempre deseo que me vengan a buscar…

—*¿Cuándo deseas que te vengan a buscar?*

—Siempre… A mis niños, a todo el mundo les digo: «Ojalá algún día me vengan a buscar y me lleven lejos», no importa lo que me hagan, pero estoy mejor allí que aquí, porque yo no les tengo miedo…

—*¿Qué fue lo que hicieron contigo estos seres? ¿Qué le hicieron a tu cuerpo? Tu alma lo sabe…*

—Me estudiaron.

—*¿Y qué más te hicieron?*

—Me investigaron en el cuerpo, tengo la sensación que me sacaron un feto… un algo… Cómo te puedo explicar… Cuando me ponen las mangueras es una sensación como que me extraen algo como de aquí, como del vientre…

—*¿Para qué te lo sacaron?*

—Para tenerlo ellos, no para experimentarlo.

—*¿Y para qué querían tener ellos ese feto?*

—Para tenerlo ellos, para criarlo ellos…

—*Y ahora, ¿qué te extraen cuando te ponen las mangueras?*

—Ahora estoy con la menopausia, así que no sé qué me extraerán, del fibroma me curé. Desapareció de un día para otro. Por eso siempre pido encontrarme con ellos para que me curen, porque si son malos y experimentaron también pueden ser buenos y curarme…

—*Y, ¿te gustaría que sigan investigando contigo los extraterrestres o no?*

—Si es para mi bien, o sea, no sé cómo actúan estos seres, no sé si actúan para bien... o para mal... Si es para investigación de ellos... porque yo lo veo como que somos los mismos seres humanos en el futuro...

—*Y tú, ¿quieres que sigan investigando contigo o prefieres que no te metan más mangueras?*

—No, yo no quiero más mangueras, lo que quiero es curarme las enfermedades que tengo ...

—*Y no sabemos si esas enfermedades también te las pueden haber puesto ellos, así que vas a cortar el contrato que hiciste con ellos para permitir que experimenten contigo, porque tú diste tu consentimiento en algún momento.*

—Claro, sí.

—*¿Estás dispuesta a romper el consentimiento que diste?*

—Yo... Yo estoy muy conectada con ellos... Pienso que quiero irme con ellos... para salir del problema que tengo de angustias, de discusiones... que voy a estar tranquila...

—*Sin embargo, cuando estabas en ese otro planeta, no estabas tranquila porque te escondías constantemente. ¿Qué te asegura que ahí vas a estar tranquila?, ¿qué te hace pensar que esa es la única manera de dejar tu angustia?*

—Siempre fue mi pensamiento... que ellos me llevaran y me curaran de todo lo que yo tenía... Porque si son seres tan adelantados puede ser que curen, o no... o hacen experimentos, no sé.

—*¿Y qué crees tú, que hacen experimentos o que curan?*

—Las dos cosas. Si hacen experimentos pueden curar, como los médicos de aquí.

—*¿Diste alguna vez tu consentimiento para que experimentaran contigo?*

—Sí...

—*¿En qué momento lo diste?*

—Supongo que cuando era pequeña, porque desde que nací estuve enferma...

—*¿Y quieres que sigan experimentando contigo?*

—Cuando experimentan me sacan energía, pero... también pueden tratar de curarme.

—*Si te sacan energía, ¿crees que eso puede ser bueno para tu curación?*

—Bueno, que no me saquen energía, pero que traten de curarme... Pero no se puede pedir eso, me parece...

—*Y, si tú das tu consentimiento, ellos van a hacer lo que quieran...*

—Sí, pero es que a mí me gusta «la onda extraterrestre» como yo le digo a mis hijos: yo soy una extraterrestre... Es muy difícil la decisión... Es que yo solo soy muy intuitiva... No sé cómo explicarte... Tengo como visiones...

—*Y sí, una de las características de haber tenido contacto extraterrestre es el desarrollo de algunas capacidades psíquicas...*

—Claro, es como que pienso en alguien y ahí está, quiero algo y ahí lo tengo...

—*Y entonces, ¿por qué no usas esa capacidad para curarte tú sola sin necesidad de los extraterrestres?*

—¡Ah! Nunca pensé en eso... pero quizá voy a perder ese poder... Me pasa eso desde pequeña... no es de ahora... yo los quiero, a los extraterrestres... no les tengo miedo...

—*¿A pesar de que te pongan mangueras y te saquen fetos?* —Silencio—. *Es porque ya te abdujeron, ellos son muy hábiles para engañar a la gente. Así que, si quieres, puedes romper el contrato que tienes con ellos.*

—Ah... ¿sí?

—*Repite conmigo: «Yo, Marina, rompo y anulo definitivamente, de manera irrevocable, el consentimiento que di para que experimentéis conmigo, y os está totalmente prohibido volver a experimentar conmigo, quitarme energía o tener contacto de cualquier tipo en cualquier dimensión conmigo y con mis seres queridos. Porque yo soy yo y en mi cuerpo y en mi vida solo mando yo, porque yo soy yo»* —Repite tres veces la frase conmigo—. *Ahora elige un color para envolverte...*

—Dorado naranja.

—*Siente cómo la vibración del color dorado naranja va envolviendo todo tu cuerpo por dentro y por fuera sanando y purificando todo tu ser, restaurando toda tu energía. La vibración de este color va borrando las imágenes de las experiencias pasadas, apagando las emociones, las sensaciones, y trayendo una nueva vibración a tu vida, y va barriendo y quitando cualquier objeto o cualquier residuo que pueda haber quedado de todas esas experiencias...*

Cuando terminó la regresión, Marina se sintió muy aliviada e incluso con menos dolores, menos molestias estomacales. Con sanación chamánica quité las mangueras, sané y reparé su campo energético. Comprendió que los problemas que tiene en esta vida no son para evadirlos, sino para resolverlos y así evolucionar.

7

Pruebas o coincidencias

«Quiero que olvides todo lo que has aprendido en tu vida.
Este es el principio de un nuevo entendimiento, de un nuevo sueño».

Dr. Miguel Ruiz

Hay una pregunta que mucha gente se hace después de experimentar una regresión, aun a pesar de haber tenido intensas sensaciones físicas, fuertes emociones (llanto, angustia, alegría…) y hasta imágenes vívidas y detalladas; incluso a pesar de la certeza de «haber estado ahí», de haber hablado otro idioma o reconocido un hijo, pareja, amigo, en una vida anterior. Cuando la mente «lógica y racional» vuelve a tomar el control, aparece con ella la duda existencial… y ahí viene la terrible pregunta (que, por suerte, cada vez menos personas hacen). El escéptico que en todos habita, que cree en cualquiera menos en sí mismo, aparece en esos momentos. Y es entonces, al finalizar una regresión, cuando realmente debo poner a prueba mi paciencia al escuchar por milésima vez la fatídica pregunta: «¿Cómo sé si es verdad o me lo inventé?». Realmente debería filmarlos para sacarlos de la duda.

Quiero que os deis cuenta de que es exactamente lo mismo que preguntar: «¿Cómo sé si lo que recuerdo de cuando era niño, o eso que pasó hace tres años, o cuatro meses, es «verdad», o el «recuerdo» está hecho de fragmentos de varias experiencias, más lo imaginado o lo que me contaron?».

Mi verdad

No tiene ninguna importancia esa pregunta, en realidad. Si es «verdad» para mí en ese momento, es verdad para mi psiquis, es verdad para mi inconsciente... ¡es mi verdad! Y eso es lo relevante desde el punto de vista terapéutico: no la verdad objetiva (suponiendo que la objetividad existiera), sino la manera en que nosotros vivimos la experiencia del pasado, y cómo eso queda registrado en mi psiquis, cómo queda registrado en mi alma. Y eso es subjetivo, «propio del sujeto que lo experimenta»

Para sanar, solo necesito experimentar lo que es verdad para mí, mi verdad. «¡Respuesta típica de psicólogo!», diréis vosotros...

Regalos

Como a estas alturas ya conozco bien a mis pacientes, sé que en realidad están preguntando otra cosa, lo que a todos nos fascinaría demostrar: «¿Las vidas pasadas existen? ¿Yo estuve realmente ahí? ¡Necesito pruebas tangibles!».

Muchos investigadores de la reencarnación han aportado pruebas sumamente interesantes. En el libro I de esta trilogía menciono a Dr. Ian Stevenson, que ha comprobado personalmente la verdad de los relatos de numerosos casos de niños que espontáneamente recordaban alguna vida anterior. Uno de sus libros más conocidos es *Twenty Cases Suggestive of Reincarnation* (Veinte posibles casos de reencarnación), donde compila los casos más significativos que había estudiado hasta ese momento. Son veinte casos de recuerdos espontáneos de vidas anteriores, acaecidos a niños entre los dos y los cinco años de edad. El autor ha entrevistado tanto a los niños como a todos los familiares, vecinos y personas implicadas en las historias correspondientes. Los veinte casos que componen el libro están seleccionados de entre mil doscientos casos.

Carol Bowman, en su libro *Children's Past Lives* (La vida pasada de los niños), cuenta que, a partir del recuerdo de una vida anterior de su propio hijo, se interesó en el tema y comprobó muchos casos más. Ella comenta que, cuando un niño habla con tanta inocencia y a sabiendas sobre haber vivido antes, y con calma describe qué pasa después de la muerte y sobre el viaje al renacimiento, se lo puede considerar un testimonio de primera mano acerca de la verdad de que nuestras almas nunca mueren. Para ella, estas memorias presentan quizás las mejores pruebas documentadas sobre la reencarnación.

Las regresiones no son habitualmente el mejor medio para encontrar pruebas concretas y tangibles, porque no revivimos hechos fácilmente comprobables ni los detalles importantes están relacionados con sucesos históricos, sino con las vivencias a nivel emocional. Generalmente no recordamos ni nuestro nombre, o fuimos anónimos campesinos en la Edad Media, o uno de los tantos señores feudales, o una «bruja» quemada en la hoguera quién sabe dónde, o un niño esclavo hace cinco mil años…

Pero el universo a veces nos regala algunas historias que podrían acercarse mucho a las pruebas buscadas por todos…

En mi casa, pero más vieja

Viene a verme Santiago, de catorce años, traído por su madre, que ya había hecho muchas regresiones conmigo. Santiago tiene mucho miedo en ciertos momentos estando en su casa, sobre todo por la noche. Son temores exagerados, injustificados, teniendo en cuenta su historia personal y el lugar donde vive. Santiago se recuesta en el colchón cómodamente y cierra los ojos. Lo guío en una relajación progresiva y le sugiero que simplemente se entregue «a la experiencia que su alma necesita trabajar». Cuando percibo que está listo, le digo:

—*Cuando cuente tres, vas a ir a una experiencia que esté directamente relacionada con estos miedos. Uno, dos, tres… ¿qué estás experimentando, dónde estás?*

—Estoy en mi casa y no me puedo dormir porque tengo mucho miedo.

—*Siente profundamente ese miedo, ¿dónde lo sientes?*

—En la espalda… Miedo, me da miedo que haya alguien en el ropero… al lado de la puerta… Tengo miedo a mirar.

—*¿Qué podría pasar, a qué tienes miedo?*

—Por mi imaginación… que alguien me quiere acuchillar por la espalda…

—*Siente este miedo y, cuando cuente tres, vas a ir a la experiencia responsable de este miedo, a la primera vez que tuviste miedo a que te acuchillen por la espalda, a la primera vez que sentiste esto o algo parecido… Uno, dos, tres. Estás ahí, ¿qué está pasando?*

—¿Aunque sea una fantasía, digamos?

—*Sí, aunque te parezca que es una fantasía, ¿qué está pasando?*

—Pues… hay una especie de asesino dentro de una casa.

—*Y tú, ¿dónde estás?*

—Estoy en una esquina de mi cuarto.

—*Eso es.*

—Y me parece que mató a toda mi familia.

—*¿Cómo crees que eres tú en esa «fantasía»?*

—Más pequeño, menos alto, como de nueve o siete años…

—*¿Cómo es tu familia? ¿Cómo es esa casa?*

—Muy parecida a la casa donde vivo ahora… Pero no hay una tele como hay ahora… Los sillones son como más viejos… una alfombra… en una esquina un escritorio… al lado del escritorio una biblioteca y al lado de la esquina donde estoy yo, un mueble bajo… Un ropero en el que guardaban la ropa… —Ahora vive en San Antonio de Areco, provincia de Buenos Aires, Argentina. Su casa queda frente a la plaza principal del pueblo, a unas cuadras del río.

—*Cuando cuente tres, vas a ir al comienzo de esa experiencia, un instante antes de que entre ese asesino en tu casa, y me vas a contar todo lo que está pasando. Uno, dos, tres... Estás ahí, ¿qué está pasando? ¿Qué pasa justo antes de que entre ese asesino a tu casa?*

—Estoy leyendo en mi cuarto. Y están en la cocina.

—*¿Quiénes están en la cocina?*

—Una niña más pequeña que yo...

—*¿Es tu hermanita?*

—Sí... o mi prima... Tres hermanos... una madre y un padre.

—*¿Cómo están vestidos?*

—Mis hermanos llevan pantalones con tirantes y una camisa.

—*¿Qué están haciendo en la cocina?*

—No sé, la niña está jugando, pero en otra parte de la casa. El resto de la familia está en la cocina... Una especie de griterío en la calle. En la calle hay como caballos fuera de la casa... Están corriendo, son como los indios... Hay gente y caballos corriendo...

—*¿Oyes los caballos?*

—Sí...

—*Eso es... Sigue avanzando un poquito más.*

—Mi papá va a ver qué pasa... Y, cuando abre la puerta, lo mata alguien...

—*¿De qué manera lo mata?*

—Lo degüella un indio con un cuchillo.

—*Sigue un poco más...*

—A mi mamá se la llevan.

—*¿Quiénes se la llevan?*

—Los indios, son tres.

—*¿Qué sientes cuando a tu madre se la llevan? ¿Desde dónde estás viendo todo esto?*

—Desde la ventana de mi cuarto... Me agarra como una desesperación... Mis tres hermanos van a defenderla y los matan con los mismos cuchillos... Un indio medio jefe...

—*Sigue avanzando... ¿Qué sientes cuando matan a tus hermanos?*

—Cada vez más solo... Y mi hermanita o mi prima se abraza a mí y viene otro indio y se la lleva...

—*¿Qué sientes cuando se la llevan?*

—Me agarra una desesperación de no poder hacer nada...

—*¿En qué parte del cuerpo sientes esa desesperación?*

—En el pecho y en las piernas... Como un frío... En las manos también.

—*Siente todo eso y deja salir todo lo que necesites dejar salir, no te guardes nada... Sigue un poco más...*

—Prenden fuego a una parte de la casa.

—*¿Qué parte?*

—La casa es como una O cuadrada, yo estoy en una de las esquinas... Y prenden fuego a la otra esquina, enfrente de mi cuarto. Intento salir y la puerta está como trabada... La que da fuera...

Después de la regresión, hablando con la madre, ella me comenta que la casa actualmente es en U, ya que una pared divide el patio en dos. Si se sacara la pared, como probablemente había sido antes, la casa sería una «O» con un patio en medio.

—*Sigue...*

—Voy a la otra puerta a ver si puedo salir... Y cuando voy a la otra puerta me encuentro con otro indio... Me quedo sin saber qué hacer... Viene caminando y me echa para un lado, me tira contra la puerta y se va. Como que no tengo nada que hacer... no... Se me duerme una mano ahora... empieza a salir humo de la puerta y salgo para fuera, al patio... Salgo para fuera del todo, fuera de la casa y hay como fuego en la iglesia... Era toda de madera, no tenía azulejos ni nada... Había una parte de azulejos que era una especie de lugarcito donde el padre se paraba para dar misa... Y entro a la capilla... a la iglesia... y hay indios también ahí adentro... Y siento que no hay lugar para esconderse.

Al describir la iglesia, la está comparando con la que hay actualmente en la plaza frente a su casa.

—*¿Qué sientes cuando sientes que no hay lugar para esconderse?*

—Siento que no puedo ir con nadie. Voy a la plaza, que está frente a mi casa y hay unos caballos atados... Y se los habían llevado los indios. Miro para un río que hay, que se ve porque no hay muchas casas... Los indios se estaban yendo... Pasaban por una parte baja del río...

—*¿Qué sientes?*

—Me da como alivio y me preocupo un poco.

—*¿Qué te preocupa?*

—Me preocupa mi madre y no saber adónde ir... o con quién ir. Me largo a llorar, y toda la gente que empieza a llegar a las casas... las mujeres con los niños, y yo estoy solo.

—*¿Qué sientes?*

—Me da alivio ver a alguien. Escuché gritar a alguien que habían agarrado a algunos... Hay un montón de gente y unos indios atados de las manos. La mujer con los hijos me agarra y llevan a los indios a una especie de árbol con una cuerda y los ahorcan. Es como si fuera normal que lo hagan.

—*¿Era normal que ahorcaran indios ahí?*

—Sí... o a gente... en medio de la plaza.

—*¿Viste ahorcar a otra gente?*

—Sí, no tanta

—*¿Qué sientes cuando ves ahorcar a los indios?*

—Un poco de lástima por los indios, pero estoy más desesperado por la familia que por los indios. Siento que los tengo que ir a buscar. La mitad están muertos, a los demás se los llevaron... No sé para dónde ir, no sé qué hacer... No tengo nada, ningún recurso para buscar a alguien... Soy muy pequeño...

—*¿A qué se parece todo esto en tu vida como Santiago?*

—Se parece a cuando tengo miedo y todo eso.

—*Cuando cuente tres, vas a volver a esa experiencia y vas a dejar salir todo ese miedo. Uno, dos, tres...*

—Estoy con lo mismo que pasó hoy. Estoy como paralizado, no puedo ni hablar ni llorar... Estoy como en shock con lo que pasó. Alguien apaga el fuego de la casa pero no sé qué hacer... Es como que todos están haciendo algo y yo estoy como en el medio de todo...

—*¿Qué es lo que hacen todos, qué percibes?*

—Alguien va a buscar a los indios, otros apagan el fuego...

—*¿De qué manera lo apagan?*

—Con cubos. Es muy difícil traer el agua...

—*¿De dónde la traen? ¿Dónde está el agua?*

—En el río... Viene la gente corriendo con los cubos, agarran agua de los bebederos también, y las mujeres buscan a sus hijos...

—*¿Y qué haces tú en medio de todo eso?*

—Sigo llorando en medio de todo... —Llora.

—*Siente eso... Sigue avanzando.*

—Tienen muy pocas casas.

—*¿Hay pocas casas en el pueblo?*

—Sí. Está la iglesia... Donde es la plaza ahora —en su vida actual— es donde ahorcaban a la gente... Había corrales...

—*Sigue avanzando un poco más...*

—Ahora soy mayor.

—*¿Cuánto tienes?*

—Veinte años... por ahí...

—*¿Dónde vives?*

—En la misma casa.

—*¿Cómo es la casa ahora?*

—Igual que antes, pero un poco diferentes los muebles y los cuartos.

—*¿Qué hiciste de los diez años hasta los veinte años, viviste solo o con alguien?*

—Mi tío me acompañó.

—*¿Vivía en el pueblo?*

—No, en el campo, pero se vino a vivir conmigo.

—*¿Supiste algo de tu familia?*

—No... Después vinieron los indios de nuevo... y esta vez no dejo que nadie entre. Trabo la puerta con un listón de madera, empiezan a tirar cosas con fuego para que se encienda todo... y... no pueden entrar.

—*¿Qué sientes?*

—Tengo miedo todavía, pero tengo más control de lo que me está pasando porque ya soy mayor... Mi tío no está porque se fue a hacer algo. Y después, cuando se van todos los indios, puedo agarrar a uno y lo llevo para que lo ahorquen y me encuentro con mi tío.

—*¿A quién le das el indio?*

—Hay una especie de... ¡yo soy el que tiene que ahorcarlo!

—*¿A qué se debe?*

—Que soy una especie de... no sé... tengo que encargarme de eso...

—*¿De ese indio o tienes alguna función importante en ese pueblo?*

—No, tengo una especie de tierra ahí... Tengo como campo...

—*Sigue avanzando...*

—Y ahorcan a los indios, ayudo a organizarlo todo... Mi tío llega al día siguiente de Buenos Aires con un dinero que había reclamado de algo que había vendido... Hay una especie de epidemia en Buenos Aires, de algo... una «enfermedad de la leche» o algo.

—*¿Qué le hace esa enfermedad de la leche al cuerpo?*

—Te agarra mucha fiebre y se te van las defensas... y te enfermas de cualquier cosa.

—*Sigue... ¿qué más?*

—Pasan muchos años sin que vengan los indios...

—*¿Cómo es tu vida ahí?*

—Tengo que cuidar el campo y tengo unos animales ahí...

—*¿Cómo sigue tu vida? ¿Sigues en la misma casa?*

—Sí... no... es como que nunca estoy en la casa... Estoy más en el campo... o tomando algo en un bar o algo...

—*Cuando cuente tres, vas a avanzar hasta el próximo momento importante en esa vida. Uno, dos, tres... ¿qué está pasando?*

—Pasó algo que hizo que muriera mucha gente...

—*¿Qué pasó? Cuando cuente tres, vas a estar ahí... momentos antes de esa experiencia en que se muere mucha gente. Uno, dos, tres...*

—Una especie de batalla cerca de Buenos Aires o cerca del río. Se murió un montón de gente del pueblo y muchos indios.

—*¿Tú dónde estás cuando se produce esa batalla?*

—Estoy en el pueblo.

—*¿Qué edad tienes?*

—Cuarenta años... Por ahí.

—*¿Y tú qué haces? ¿Luchas en la batalla o no?*

—No... es como que me escondo... para no tener que ir a la batalla. Cuando llamaban a la gente para ir iba alguien a buscar a la gente a las casas... y yo tenía mujer e hijas solo.

—*¿Tienes hijas?*

—Sí, una como de siete años y otra de catorce... No, de diecisiete...

—*¿Y a qué se debe que te escondas y no quieras ir a la batalla?*

—Para acompañarlas y que no les tenga que pasar lo mismo que me pasó de niño.

—*Entonces ¿qué haces, dónde te escondes?*

—Me meto dentro de la casa. Cuando llaman a la puerta mando a mi mujer para que les diga que no estoy. Empiezan a revisar la casa.

—*¿Quiénes?*

—Son como soldados, gente del pueblo que buscaba gente para la batalla. Yo me escondo abajo, en una especie de sótano... Un túnel o algo así... Era nuevo, era para ir hasta el río si los indios venían.

—*¿Lo habías hecho tú?*

—Sí, y bastante gente más... Estaba todo como conectado.

—*¿Y qué pasa?*

—Me meto ahí abajo… oigo cómo las personas caminan por arriba y después se van.

—*¿Y qué sientes cuando caminan por arriba?*

—Tengo miedo de que abran la puerta. Se van y aparecen mi mujer y mis hijas y las meto ahí adentro… y nos metemos todos ahí adentro…

—*¿Cómo es ese túnel?*

—Tiene unas paredes medias de cemento. Es oscuro y húmedo… Hay una especie de ratas también. Pero estaba como cerrado el túnel, no iba para ningún lado…

—*Sigue…*

—Pasa la batalla, hago como si viniera de algún lugar.

—*¿Cómo haces?*

—Agarro un caballo y me voy para el lado de Buenos Aires… Esquivo la batalla y todo eso… y hago como que volvía después de la batalla. Pregunto qué pasó y ayudo a cargar los cuerpos y todo eso… Me siento bien por no haber tenido que participar en eso.

—*Sigue avanzando un poco más.*

—Nos ponemos todos un poco más viejos. Tengo un hijo… ya cuando tiene diecisiete, por ahí… me muero de viejo. Mi hija mayor está en Buenos Aires, la del medio estaba con su madre al lado de la cama… Y viene mi hijo… y es como que se despide o algo así.

—*¿Te despides tú de ellos?*

—Sí. Les hablo un rato, les digo que le manden saludos a mi otra hija que está en Buenos Aires. A mi hijo le digo que cuide la casa y todo eso, a mi mujer y a mi otra hija les digo que las quiero mucho… y es como que me muero cuando estoy durmiendo.

—*¿Cuál es tu último pensamiento antes de dormirte?*

—Que no voy a ver todo eso nunca más.

—*¿Y qué sientes?*

—Me siento como contento, porque lo disfruté y ya viví mi vida.

—*Ve al momento en que te vas desprendiendo de tu cuerpo.*

—Me voy como despegando poco a poco… y de repente me veo desde arriba…

—*¿Qué sientes?*

—Una especie de paz… y que ya terminó todo. Veo toda la casa desde arriba, me siento intrigado… Mi mujer, que está durmiendo al lado mío… están todos durmiendo cerca en los otros cuartos… Y veo a mi mujer que me quiere despertar, pero yo no me despierto.

—*¿Qué sientes?*

—Yo lo veo todo desde arriba… Me da un poco de lástima, la quiero avisar de que estoy ahí, pero no puedo… Le grito algo… o algo así…

—*¿Qué le gritas?*

—Que estoy bien.

—*¿Qué sientes cuando le gritas y no te escucha?*

—Me sigo sintiendo bien… No estoy triste por haberme muerto…

—*Quiero que seas consciente, al ver ese cuerpo ya sin vida, de que ese cuerpo y esas experiencias ya no te pertenecen, queda todo ahí. Quita toda tu energía de ese cuerpo, despréndete de todo eso y lleva esa parte de tu energía hacia la Luz. ¿Hacia dónde vas?*

—Para arriba, para arriba, para arriba…

—*¿A dónde llegas?*

—A una especie de lugar de luz… donde lo veo todo, pero no veo nada.

—*¿Cómo te sientes en ese lugar de luz?*

—Bien, veo a un montón de gente. Está un primo mío, que murió el año pasado en un accidente. —Se refiere a su vida como Santiago.

—*¿Te transmite algo?*

—Que él está bien, lo veo rodeado de luz.

—*¿Puedes percibir algún Guía, Ser de Luz, Maestro, o tu propio Ser Superior que puedan decirte a qué se debe que pasaste por esta experiencia?*

—Una energía muy luminosa, que creo es mi Guía Espiritual, me dice, pero sin hablar, mentalmente, que está todo bien, que descanse, que tenía que aprender a tener ganas de vivir igual, aunque me pasara algo malo, aprender que después la vida puede ser bonita igualmente.

—¿*Te dice algo más tu Guía Espiritual o estás listo para la armonización?*

—Estoy listo.

—¿*Qué color eliges para traer una nueva vibración a tu vida como Santiago?*

—Verde.

Al tiempo, Santiago no tuvo más esos miedos y se sintió mucho más confiado en sí mismo. También pudo encontrarle el sentido a algunas situaciones de su vida, momentos de soledad y pérdida, y comprender lo que su alma tenía que aprender.

Recordad que Santiago tenía catorce años y ningún conocimiento sobre «vidas pasadas». Sabe sobre historia lo mismo que cualquier chico de su edad. Lo he visto varias veces más, conozco a su familia y sé dónde vive actualmente. Pude constatar los datos que me dio sobre el lugar donde está ubicada su casa. Poco después de la regresión, describió con mayor detalle cómo vio que eran su casa y el pueblo en esa época:

—… las paredes del patio más bajas que ahora. La iglesia de madera y sin campanario, más pequeña, toda de madera adentro, el techo mucho más bajo, sin cúpula, como redondo pero más bajo. Los bancos eran mucho más sencillos, y había muchos menos, muy espaciados. La plaza tenía corrales, en el medio había un lugar donde ahorcaban a los indios, también ahorcaban ladrones y eso. La plaza estaba como levantada. No tenía árboles, solo uno o dos. El pueblo tenía muchas menos casas, estaba la nuestra, la «esquina de Merti» (hoy una casa muy vieja) y en el medio no había casi nada. Había otras casas en el pueblo.

La madre me comenta:

—Me impresiona lo que dijo, que desde la iglesia se veía el río, porque hoy pasé caminando frente a la iglesia y, si no estuvieran las casas, se podría ver el río.

Y agrega otros detalles que le contó sobre su casa:

—Estaba unida a la casa de al lado. Se incendiaron el comedor y el salón (actuales) y me dijo que lo apagaban con agua que traían del río. La casa tenía un túnel que conectaba al río (salía de su cuarto actual). También había un sótano ahí. En ese cuarto había unos sillones pequeños rojos, uno más grande, y una mesa en el medio (la habitación donde Santiago moría en esa vida). No estaba el baño, lo hicimos nosotros (se refiere a cuando compraron la casa en su vida actual). Las puertas estaban en otro lugar.

Ella encontró una marca que muestra claramente dónde terminaba la antigua pared de su casa. Buscó más información en la biblioteca del pueblo, donde halló unos libros muy interesantes sobre la historia de San Antonio de Areco. Me cuenta:

—En *Un recuerdo para el pago de San Antonio de Areco*, el cura y vicario Juan Celedonio Duque, con respecto al inicio poblacional, expresa lo siguiente:

Las invasiones de los indios fueron la causa de la fundación de núcleos poblacionales para defenderse. En el año 1714 una gran invasión castigó a los partidos de Arrecifes y San Antonio de Areco (aún no constituidos como tales). Según la tradición, los pobladores para verse libres de los ataques hicieron voto o promesa de construir una Capilla en honor de San Antonio. Como el Santo les concediese la gracia comenzaron a cumplir la promesa en el Oratorio. Con la asistencia religiosa del Sacerdote Roque Ximenez se pasó a la Capilla, cuya construcción completaron José Ruiz de Arellano y su esposa doña Rosa de Giles Monsalvo, y que pusieron bajo la advocación de San Antonio de Padua.

Si bien la aprobación definitiva de la creación de la Parroquia del Pago de Areco por parte de la autoridad civil se verificó por Cédula Real el 19 de diciembre de 1731, la fecha del 23 de octubre de 1730, es la que se tiene en cuenta como referencia para establecer La Fundación del Pueblo.

Otro libro de la biblioteca de San Antonio de Areco dice:

... y viene a mi memoria asociar el hecho macabro ocurrido allí con el de las invasiones indígenas de esta campaña de Areco, en Noviembre de 1770. Aquí quedaron los cadáveres de los pobladores esparcidos por el campo, para hartazgo de las aves de rapiña por bastante tiempo...

Me cuenta también que la primera capilla ya estaba hecha en 1714, su primer capellán habitaba dos aposentos y una sala de adobe inmediatos a la capilla. En 1792 se inaugura la segunda capilla, y un libro de la biblioteca de Areco la describe así:

Este nuevo templo medía cuarenta varas de largo por cuatro de ancho, su techo era de ripia a dos aguas con cabreadas de madera del Paraguay. El suelo, de gruesas baldosas fabricadas en el pueblo. Su frente no tenía campanario.

Para la segunda capilla dice:

Se le previno que contara cada parte en su centro para poder comunicarse por el interior con una puerta, que tras del altar debía estar una escalinata de fácil acceso, por ambas partes, al trono del Santísimo, que todo el interior debía de contar con todas las escaleras para llegar a los nichos y al retablo, ser forrado de madera, en la entrada...

En 1870 se inaugura la actual iglesia.

Sobre la «enfermedad de la leche», hay evidencia de una epidemia registrada en Estados Unidos a principios del siglo XVIII, provocada por la serpentaria blanca *(Ageratina altissima)*:

Común en el este de Norteamérica, esta planta ha causado la muerte a humanos de manera indirecta. Es la llamada «enfermedad de la leche»: al florecer en verano, el ganado se la come, lo que infecta su carne y leche de tremetol. Una persona que tomara estos alimentos empezaría a notar halitosis, pérdida de apetito, apatía, debilidad, rigidez muscular, vómitos, malestar abdominal y estreñimiento. En dosis muy altas, todo esto puede complicarse hasta acabar de manera fatal[1].

Si existió allí, probablemente la misma o una muy parecida, podría haber existido en Buenos Aires.

Conexión y sueños

Muchas veces, un lugar nos atrae especialmente sin saber por qué. Así fue como la familia de Santiago terminó viviendo en esa casa. Ellos vivían en un campo de la zona y, un día, la madre de Santiago acompañó a su cuñada, que quería comprar una casa en el pueblo de San Antonio de Areco. Me cuenta cómo encontró esta casa:

—Acompaño a mi cuñada a ver casas en Areco. Le digo: «¡Tienes que comprar esta casa!». ¿Por qué le dije esto?, no lo sé. Mi cuñada me contestó:

»—¿Por qué me dices esa casa… Una casa medio en ruinas… sin cartel de venta?

»Y me dio como vergüenza, y pensé que había dicho una tontería. Pero cinco años después la compramos nosotros. La casa tiene unos doscientos años, es viejísima, eterna… Yo con los lugares tengo cierta conexión. Algo me llamó la atención, qué sé yo… Tiene las paredes anchas, es rarísima, tiene algo… Cuando volvimos al campo me

---

preguntaba: «¿qué hago con la casa?». Y sentí que «ahora no, pero en otro momento vamos a *volver a estar aquí...*».

Es donde viven actualmente. También me cuenta un sueño que tuvo ya viviendo en la casa:

—Soñé con la casa, con las paredes bajas... Me voy fuera a mirar y veo la marca de la pared baja... La pared baja... Era rarísimo... Después he soñado que tenía un pozo atrás que iba hasta el río. En esa casa soñé mucho.

Os preguntaréis por qué su madre tuvo sueños con la casa, en los que encontró similitudes con la descripción de Santiago, si fue él y no ella quién vivió ahí. Es probable que hayan estado juntos en aquella vida. Si bien no apareció la evidencia, en una regresión que hizo luego ella, tuvo la sospecha de haber sido una de las hijas de Santiago. También puede haberse conectado con la historia de la casa. Para los chamanes todo tiene vida, hasta las casas, los lugares... y lo que vive tiene espíritu... y los espíritus pueden provocar un sueño y comunicarse así con nosotros. Cuando dormimos, los límites entre la realidad ordinaria y la espiritual son muy sutiles.

¡Mira lo que compré!

A veces las pruebas vienen de la manera más inesperada, y de la mano de la persona menos involucrada en la experiencia.

Liliana se acaba de separar, tiene hijos pequeños y está buscando empleo. Se da cuenta de que una de sus dificultades para conseguirlo es que le cuesta comunicarse.

—Soy medio ostra, muy introvertida desde pequeña —me explica.

Al recostarse con los ojos cerrados, la llevo a entrar en un estado expandido de consciencia gracias a una relajación guiada.

—*¿Qué estás experimentando?*

—Veo un florero sobre una mesa... una señora vestida de blanco... Está sola, pensando... preocupada.

—*¿Qué sientes?*

—No siento nada... No nací, estoy en su barriga. Está enferma, se va a morir. Tiene leucemia... No voy a nacer, no puedo nacer.

—*¿Cuánto tiempo tienes?*

—Tengo tres meses. No quiero ilusionarme, porque se va a morir.

—*¿Qué sientes?*

—¡Me voy a morir ahí adentro! Soy pequeña y no puedo nacer por la enfermedad de mi mamá... Está vomitando. Soy un problema, preferiría no tenerme, tiene miedo al dolor, miedo a morirse... no sabe lo que le va a pasar, nadie la está acompañando... Siente desesperación, no se lo quiere decir a nadie... El marido no la quiere, no sabe cómo luchar... Me da pena por ella, no se quiere.

—*¿Qué sientes?*

—Impotencia, calor... Me paraliza.

—*¿De esta experiencia, cuál es el momento más terrible?*

—Cuando sé que se va a morir.

—*Y en ese momento, ¿cuáles son tus reacciones físicas?*

—Soledad.

—*Y cuando sientes soledad, ¿cuáles son tus reacciones emocionales?*

—No me va a querer nadie, no me va a conocer nadie.

—*Y cuando sientes soledad, que no te va a querer nadie, ¿cuáles son tus reacciones mentales?*

—No sé cómo será la muerte aquí dentro. No puedo hacer nada. Nadie me va a querer. No voy a querer a nadie. No sé cómo son los sentimientos, no sé cómo es sentir.

—*¿De qué manera afecta todo esto tu vida como Liliana?*

—Me encierro, no me comunico. Me siento rechazada.

—*¿Qué necesitarías hacer para sanar eso?*

—Hablarle a mi madre... ¡Mamá, quiéreme, mírame! No te preocupes, va a estar todo bien.

Ella, como os habréis dado cuenta, estaba dentro del vientre materno, pero, como sucede con todo bebé antes de nacer, su alma puede entrar y salir tranquilamente, no está limitada al cuerpo, ya que no está del todo encarnada todavía. Su madre y ella mueren al poco tiempo y sus almas se elevan juntas a la Luz.

Lo curioso de este caso no es que Liliana al poco tiempo de hacer la regresión consiguiera trabajo en un anticuario, ya que ese fue el resultado de haber sanado, sino lo que sucedió en su trabajo.

A la semana, el dueño del negocio le dice al entrar:

—Mira lo que compré.

¡Y trae exactamente el mismo *florero* que ella había visto al comienzo de esa regresión, sobre una mesa, en la sala donde estaba su madre preocupada! Sintió una emoción enorme al verlo. Supo que ese era el florero de su casa de esa vida anterior, ya que lo había visto exacto en la regresión y la antigüedad del mismo coincidía con la época de la vestimenta que tenían su madre y el mobiliario de la casa.

Regalos de la vida para que sepamos que la única realidad no es la material u ordinaria...

Antes, si queríamos buscar alguna comprobación de los datos obtenidos en una vida anterior, no había otra opción que viajar... Ahora tenemos internet. No es lo mismo, pero lo hace más accesible.

De la duda al entusiasmo

Carla me escribió después de hacer su regresión, en la que revivió una vida como un joven que se une al ejército y luego sufría por tener que matar, confesando que en un primer momento creía estar inventando, a pesar de que su cuerpo y sus emociones le decían lo contrario:

Te cuento que cuando encontré estas fotos (en internet) y su coin-
cidencia con el apellido Mohun... Mohum... nuestro jefe, me sentí
entusiasmada con la sesión. Vi que hay un líder del siglo XVIII con ese
nombre.

A veces creía estar inventando un relato, aunque las emociones
eran fuertísimas. Me faltó expresarte, porque tenía un nudo en la garganta, que ese lugar parecía ser la India o un lugar similar.

Cuando te nombré la tierra que debía defender sentía una gran
contradicción porque era de color bastante claro... diferente al común, extraño, ¿sería arena?

Antes de ingresar al lugar de conquista donde atacábamos personas, me impactaba la expresión de terror de una señora con su
hija. La niña me miró fijamente un momento.

En las fotos que te adjunto, están las ropas similares a las que
vi. Estoy segura de que eran blancas, pero sucias y con algo azul que
no pude identificar.

El tipo de arma que se ve es igual a la que utilizaba. La construcción que veía tal vez sea más similar a un fuerte que a un pala-
cio (me refiero a la diferencia por las fotos que miré en internet
después...). No tenía lujos por fuera. Adentro sí había colores en las
paredes.

Espíritus de ayuda que se hacen visibles

Luego, refiriéndose a la armonización que realizó al finalizar la regresión, durante la cual también hago sanación del cuerpo energético del
paciente, Carla comenta:

Cuando habíamos comenzado con la sanación de la sesión, sentí una
presencia luminosa y amorosa que me aconsejaba eso que te trans-
mití en el momento, pero además había un indio joven acompañán-

dote en el ritual de sanación. Me mostró un conjunto de tambores y sonrió dulcemente. Era enérgico y supongo que debe estar acompañándote en energía hace tiempo... ¡Hermosa experiencia que se completó con la información!

Esos seres espirituales que me acompañan durante la sanación al finalizar la regresión fueron percibidos por varias personas en diferentes momentos.

Invito a quienes hayan podido encontrar «coincidencias» en sus vidas que sirvan de *evidencia* de la existencia del más allá... del alma... o de la reencarnación, a que me las hagan llegar para compartirlas.

8

Consideraciones finales:
la vida es sagrada

En Occidente decimos que «el tiempo es oro». Y corremos todo el día frenéticamente para todos lados, olvidándonos de vivir... Eso es malo. En civilizaciones donde la creencia en la reencarnación forma parte de su vida cotidiana, sucede todo lo contrario. Nunca hay prisa. La vida es eterna. Esto es bueno, vivimos tranquilos. Pero hay un peligro. Se corre el riesgo de «dejarlo todo para mañana» o para la próxima vida, en este caso. O sea, dejamos la evolución para otro momento. Y no es la idea. No podemos desperdiciar, desvalorizar, lo que tenemos ahora. Tal vez por eso Jesús no predicó explícitamente sobre la reencarnación. La humanidad necesitaba despertar lo antes posible.

Cada vida, cada cuerpo, cada momento es valioso: una oportunidad para la iluminación. Como humanos, tenemos poder de decisión, de discernimiento, no estamos atados al instinto. Gozamos de la libertad de hacer el bien o el mal, y por ello tenemos una gran responsabilidad.

> To get a human body is a rare thing. Make full use of it.
> There are four million kinds of lives, which a soul can
> gather. After that, one gets a chance to be human, to get

204 AMORES QUE VIENEN DE VIDAS PASADAS

a human body. Therefore, one should not waste this chance.
Every second in human life is very valuable.
If you don't value this, then you will have nothing in hand
and you will weep in the end. Because you are human,
God has given you power to think and decide what is good
and bad. Therefore, you can do the best possible
kind of action. You should never consider yourself weak
or a fallen creature. Whatever may have happened up
to now, be careful —After getting a human body,
if you don't reach God, then you have sold a diamond at
the price of spinach.

GURÚ DEV

«Conseguir un cuerpo humano es una cosa rara.
Haz pleno uso de ello. Hay cuatro millones de clases
de vidas que un alma puede tener. Después de esto,
uno tiene una posibilidad para ser humano, conseguir un
cuerpo humano. Por lo tanto, no habría que desperdiciar
esta posibilidad. Cada segundo en la vida humana es muy
valioso. Si lo no valoras, no tendrás nada en la mano y
al final lo lamentarás. Como eres humano, Dios te ha dado
el poder de pensar y decidir qué está bien y qué está mal.
Por lo tanto, puedes hacer la mejor acción posible.
Nunca deberías considerarte débil o una criatura caída.
Independientemente de lo que puede haber pasado hasta
ahora, sé cuidadoso —Después de haber adquirido
un cuerpo humano, si no alcanzas a Dios, habrás vendido
un diamante al precio de una espinaca».

GURÚ DEV

No hay excusas para nuestro comportamiento. Sin importar cuál haya sido nuestro pasado, tenemos responsabilidad por lo que hacemos, por cada elección.

Y siempre hay una oportunidad para la iluminación, para fundirse en la Luz en el momento de la muerte, evitando, así, volver a caer en la rueda de las reencarnaciones. Por eso en el *Bhagavad Gita* el señor Krishna dice:

> Mira, Arjuna, nunca sabes cuándo llegará el último
> momento, por lo tanto no esperes a que llegue.
> Manténme en tu mente todo el tiempo, medita,
> haz que eso sea la impresión más fuerte.

Y no olvidemos un concepto budista muy importante, que debería ser un precepto universal:

Puesto que el crecimiento espiritual es un crecimiento de plenitud interior, está marcado por una creciente capacidad para disfrutar. A pesar de que la persona neurótica puede abandonarse al placer sensual, no es capaz de disfrutarlo mucho, La pobreza emocional se lo obstaculiza, ya que la capacidad de disfrutar las cosas viene de una riqueza interior. Es por ello que «**este deseo de evolucionar, de ir más allá de nuestro actual nivel de consciencia, tiene que estimularse e intensificarse**».

Alex Kennedy

Gracias por acompañarme en este segundo libro, de todo corazón. Espero haber traído un poco más de luz y esperanza a vuestras vidas.

Bibliografía recomendada

«Tú y yo somos diferentes, solo porque hemos caminado por jardines
diferentes, hemos leído libros diferentes... ».

DEEPAK CHOPRA

Altea, Rosemary, (1996). El águila y la rosa. Barcelona, España: Ediciones B. S. A..

Betthelheim, Bruno, (1983)Freud And Man's Soul. Londres, England: Penguin Group.

Boissiere, Robert, (1986). Meditations With The Hopi. Rochester, Vermont, Estados Unidos: Bear and Company.

Bowman, Carol, (1997). Children's Past Lives. How Past Lives Memories Affect Your Child. Estados Unidos: Bantam Books.

Cabobianco, Flavio M., (2000). Vengo del sol. Buenos Aires, Argentina: Longseller.

Cabouli, José Luis, (2000). La vida antes de nacer. Buenos Aires, Argentina: Ediciones Continente.

Cabouli, José Luis, (1996). Muerte y espacio entre vidas. Buenos Aires, Argentina: Ediciones Continente S. R. L.

Cabouli, José Luis, (2006). Terapia de La Posesión Espiritual, Técnica y Práctica Clínica. Barcelona, España: Ediciones Indigo.

Cabouli, José Luis, (2001). Terapia de Vidas Pasadas, un camino hacia la luz del alma. Buenos Aires, Argentina: Ediciones Continente S. R. L.

Cerezzo Frex, Arcángelo, (2011). La Reencarnación en el mensaje de Cristo. Hacia una nueva y antigua comprensión del cristianismo. Colección Religiones, Autoayuda y Crecimiento. Libros en red.

Chatelain, Maurice, (1977). Nuestros ascendientes llegados del cosmos. Barcelona, España: Plaza y Janés.

Chopra, Deepak, (1993). Ageless Body. Timeless Mind. A Practical Alternative To Growing Old. Londres, Reino Unido: Random House.

Chopra, Deepak, (1991). Uncondicional Life. Mastering the Forces That Shape Personal Reality. Estados Unidos: Bantam Books.

Delgado, Jorge Luis y Male, Mary Ann (PhD), (2006). Andean Awakening. An Inca Guide to Mystical Peru. San Francisco, Estados Unidos: Council Oak Books.

Eco, Umberto, (2013). Construir al enemigo. Barcelona, España: Lumen.

Fiore, Edith, (1988). La posesión. Madrid, España: Editorial Edaf, S. A.

Gawain, Gawain, (1986). Visualización creativa. Buenos Aires, Argentina: Aletheia.

Grecco, Eduardo H. (2004). Despertando el don bipolar. Un camino hacia la cura de la inestabilidad emocional. Buenos Aires, Argentina: Eiciones Continente.

Grecco, Eduardo H., (2003). La bipolaridad como Don. Cómo transformar la inestabilidad emocional en una bendición. Buenos Aires, Argentina: Ediciones Continente.

Harner, Michael (Phd), (1997). «Curación Chamánica: no estamos solos». Entrevista de Bonnie Roigan para Alternative Therapies Magazine (Vol. 2, n°3).

Hickman, Irene, (2007). Desposesión a Distancia. Barcelona, España: Indigo.

Huxley, Aldous, (1999). La Filosofía Perenne. Buenos Aires, Argentina: Editorial Sudamericana.

Ingerman, Sandra, (1995). Recuperación del alma. Sanando el alma fragmentada. Buenos Aires, Argentina: Circulo Chamánico.

Kardec, Allan, (2006). El Libro de los Espíritus. Buenos Aires, Argentina: Kier.

Kennedy, Alex (Dharmachari Subhuti), (1992). La Rueda, la espiral y el mandala. Teoría y práctica del Budismo. Barcelona, ESPAÑA: Edicomunicación S. A.

Krystal, Phyllis, (2002). Cortando los lazos del karma. Buenos Aires, Argentina: Deva's.

Kübler-Ross, Elisabeth yKessler, Davis. Lecciones de vida. España: Ed B S. A/Javier Vergara Editor.

Kübler-Ross, Elisabeth, (1995). Morir es de vital importancia. España: Luciérnaga SL.

Kübler-Ross, Elisabeth, (2003) La rueda de la vida. España: Ediciones B. S. A. /Javier Vergara Editor.

Kübler-Ross, Elisabeth, (1989). La muerte: un amanecer. Barcelona, España: Luciérnaga, SL.

Kübler-Ross, Elisabeth, (1975). Sobre la muerte y los moribundos. España: Grijalbo Mondadori S. A.

Maeterlinck, Maurice, (1940). Los senderos de la montaña. España: Editorial Tor.

Máslow, Abraham, (1991). La personalidad creadora. Buenos Aires, Argentina: Kairós/Troquel.

Merlo, Vicente, (2007). La Reencarnación. Clave para entender el sentido de la vida. Concepciones antiguas y modernas de la reencarnación. Málaga, España: Editorial Sirio.

Moody, Raymond A , (1999). Regresiones. Buenos Aires, Argentina: Editorial Edaf, S. A.

MSM (textos escritos con la colaboración de Julie Roux-Perino. Asesoramiento histórico: Anne Brenon), (2008). Los Cátaros. Impreso en Francia por Fournié, Tolosa, Francia: Fournié.

Perry, Foster, (2003). Cuando un rayo alcanza un colibrí. El despertar de un chamán. Buenos Aires, Argentina: Del Nuevo Extremo.

Perry, Foster, (1960). The Violet Forest. Shamanic Journeys in the Amazon (El bosque violeta, viajes chamánicos en el Amazonas). Bear and company publishing.

Ponce de León Paiva, Antón, (2005). En busca del anciano. Buenos Aires, Argentina: Deva's.

Ponce de León Paiva, Antón, (2006). Y el anciano habló. Buenos Aires, Argentina: Deva's.

Powers, Rhea, (1993). Hacia la luz. Buenos Aires, Argentina: Errepar.

Prophet, Elizabeth Clare y Prophet, Erin L. (1999). Reencarnación, el eslabón perdido de la cristiandad. España: Arkano Books..

Ramacharaka, Yogi, (2009). Bhagavad Guita: el mensaje del maestro. Buenos Aires, Argentina: Kier.

Revel, Jean-François y Ricard, Matthieu (1998). El Monje y el filósofo. Barcelona, España: Ediciones Urano.

Rinpoché, Guru (según karma Lingpa), (1989). El libro tibetano de los muertos. La gran liberación por audición en el bardo. Nueva traducción del tibetano con comentario por Francesca Fremantle y Chogyam Trungpa. España: Editorial Estaciones /Troquel.

Ruiz, Miguel, (1998). Los Cuatro Acuerdos. Un libro de sabiduría tolteca. Barcelona, España: Ediciones Urano S. A.

Shankar Ravi, (2007). El Maestro/Sri Sri Ravi Shankar (edición dirigida por Beatriz Goyoaga; con prólogo del Dalai Lama). Buenos Aires, Argentina: El Arte de Vivir.

Stevenson, Ian, (1992). Veinte casos que hacen pensar en la reencarnación. Madrid, España:Mirach.

Torres, Raúl, (2006). Universo cuántico. Fundamentos científicos de la medicina energética. Modificación del comportamiento humano a través de los campos interferentes. España: Ediciones Indigo.

Vallés, Carlos G., (1996). ¿Una vida o muchas? Un cristiano ante la reencarnación. Buenos Aires, Argentina: Ediciones San Alberto, 1996.

Vaughan, Frances, (1990). El arco interno. Curación y totalidad en psicoterapia. Barcelona, España: Editorial Kairós.

Verny, Thomás M. D. y Kelly, John (1981). La vida secreta del niño antes de nacer. Barcelona, España: Ediciones Urano.

Villoldo, Alberto (2006). Las cuatro revelaciones. España: Editorial Sirio, S. A.

Villoldo, Alberto, (2007). Chamán, sanador, sabio. España: Editorial Obelisco.

Weiss, Brian, (2003). Solo el amor es real. Argentina

Weiss, Brian, (2001). Los mensajes de los sabios. Madrid, España: Ediciones B, S. A.

Weiss, Brian (1988). Muchas vidas, muchos maestros. (Many Lives, Many Másters). España: Ediciones B S. A.

Wilber, Ken, (1990). El espectro de la conciencia. Buenos Aires, Argentina: Kairós.

Wilber, Ken, (1990). La conciencia sin fronteras. Aproximaciones de Oriente y Occidente al crecimiento personal. Buenos Aires, Argentina: Kairós/Troquel.

ECOSISTEMA DIGITAL

NUESTRO PUNTO DE ENCUENTRO

www.edicionesurano.com

2 AMABOOK
Disfruta de tu rincón de lectura
y accede a todas nuestras **novedades**
en modo compra.
www.amabook.com

3 SUSCRIBOOKS
El límite lo pones tú,
lectura sin freno,
en modo suscripción.
www.suscribooks.com

DISFRUTA DE 1 MES
DE LECTURA GRATIS

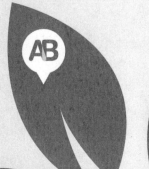

1 REDES SOCIALES:
Amplio abanico
de redes para que
participes activamente.

4 APPS Y DESCARGAS
Apps que te
permitirán leer e
interactuar con
otros lectores.

 iOS